カンタン成功法則

斎藤一人

ロング新書

はじめに

私はたくさんの人から、こんなことをたずねられます。

「一人さんは、なぜ、成功し続けることができるのですか？」

また、こんなことを言う人もいます。

「世の中は不況なのに、一人さんの会社は、ますます絶好調ですよね。なぜ、不況のあおりを受けずに、伸び続けることができるのですか？」

確かに、世間から見たら、不思議なことでしょう。

でも、私にとっては、不思議でも何でもないことです。

私は若いときから仕事を始めましたが、実は仕事で「赤字」というものを出したことがないのです。

ずっと上り調子で、楽しく仕事をして、今日までやってきました。

それには、私なりに、ある「ルール」に従って生きてきたのです。

この「ルール」のことを、この本で書いてみようと思いました。

ちなみに、この「ルール」を試すのに、お金は一円もかかりません。

ですから、この本を最後まで楽しく読み、気軽な気持ちで試してください。

だって、試すのは、タダ（ゼロ円）ですから（笑）。

それで、もし、あなたが成功できなかったら、もう二度とやる必要はありません。

私の本も、もう読まなくてけっこうです。

そのくらい自信を持って言える、「一〇〇%成功するコツ」です。

では、私を成功に導いた「ルール」について、いまから話を始めます。

斎藤一人

目次

はじめに……1

第一章　成功のコツは「大我」にあり

どんな人でも一〇〇％成功できる「魔法のルール」がある！……12
一人さんは「宗教ギライの神さま好き」……21
「大我」を口にしながら、「小我」で動いている人もいる……30
「天職」の本当の意味……35
大我で仕事をするようになると、「ひらめき」があふれ出る……42
大我で生きると「特典」がある！……48

病気をするのは「大我」からはずれているから……57
「お金はもらわなくてもいい……」は小我になる……64

第二章 「圧」を上げれば、あっという間に成功する！

「大我」でいるのに成功しない理由は、「圧」がないから！……72
「圧」のある人は、たくさん動いても疲れない！……80
食べ物にも、「圧」を上げる方法がある！……83
「圧」を利用した一人さん流の健康法……88
「押し出し」も「圧を上げる」のと同じこと……93
「押し出し」をしたら、売り上げがいっきに一〇倍に！……103

第三章　人間関係を征する者が、すべてを征する！

九九％「いい人」であっても、一％の「毒」が、あなたの人生を一〇〇％ダメにする！……114
相手の「ゆるさ」もひっくるめて愛していく……121
「しおから大将」がみんなに慕われた理由……124
怒鳴るのは、「人からエネルギーを奪うこと」……130
人間関係とは「言葉のやりとり」である……134
店長がやることとは、「お店の雰囲気」を守ること……140
人間関係の「負の連鎖」を、あなたのところで断ち切る……144
なめた態度をとる人に対して、「なめられたまま」にしておかない……147
人は「変な話」と言われると、ラクな気持ちで耳を傾けられる……152

人のことまで悩んでいたら、この世から「悩み」はなくならない……157
一人さんが仲間と約束している「仲良くいるためのルール」……161

第四章　「一人さんアタマ」になると、大笑いしながら、成功まで歩いてゆける！

どんなことも、楽しくやる！　これが「一人さんアタマ」になること……166
子育ても、「一人さんアタマ」で考える……171
「カーネギーホール」では、参加することに意義がある！……177
「魅力」を出せば、お客さんは遠くからでも集まってくる……182
成功をするコツは「得意なこと」を仕事にする……187

人の思いには「愛」と「恐れ」しかない！……191
「占い」や「鑑定」は、心を明るくするためにある……194
私たちは生まれる前に、自分の「修行」を選んできた！……199
「正しい」と思い込んでいることが、実は「失敗」の原因になっている！……206
「神さまのお手伝い」をするためには三つの条件がいる……213
「新幹線」が通っていることを知ったら、今日から乗っていい……217

編集協力／田宮陽子

第一章　成功のコツは「大我《たいが》」にあり

どんな人でも一〇〇%成功できる「魔法のルール」がある!

さあ、いまから、どんな人でも一〇〇%成功できる「ルール」について、お話していきましょう。

何度も言いますが、この「ルール」に従って生きると、どんな人でも成功しかできなくなってしまいます。

もし、あなたがサラリーマンなら……。ジャンジャンバリバリ出世していくこと、まちがいないでしょう。

もし、あなたが主婦だったら……。あなたの家庭には笑顔が絶えず、家族は心身ともに元気になっていくでしょう。

もし、あなたが社長だったら……。世の中が不況であろうとなかろうと、あなたの会社は常に上り調子で、会社に関わるすべての人が、豊かで幸せになるでしょう。

「そんなこと、できるんですか⁉」って、できるんです（笑）。

「一〇〇％成功してしまう」……そんな魔法のような「ルール」が、この世には存在するのです。

ちなみに、私はこの「ルール」を、三〇年前から、周りの人に教えました。たくさんの人にお話しましたが、多くの人は、この「ルール」のことを、なかなか信じようとしませんでした。

その中から、私の言うことを信じた「奇特な人」が、私のお弟子さんとなりました。

お弟子さんは、私と一緒に「ルール」を実践するようになりました。

すると、全員が経済的に豊かになりました。

ちなみに、お弟子さんたちは、もともと普通の人たちです。

商売の経験もありませんし、特別な才能もありません。

「お金のこと」に関しても、何も知らなかったのです。


私だけでなく、お弟子さんたちも、この「ルール」を実践したことで、全員が豊かになって成功した。

こんなことは、世間の人から見たら、「奇跡」ですよね。

たぶん、こんな例は他にないでしょう。

世間の人は、不思議がって、こう言うかもしれません。

「どんな手を使って、成功したのかな？」って……。

また、「一人さんたちは特別だから、できたんだ……」と思うかもしれません。

しかし、いまから私がお話する「ルール」をきちんと理解すれば、どんな人でも、楽しく奇跡を起こすことができるのです。

前置きが長くなりましたが、それでは、その「ルール」をお話していきましょう。

一〇〇％成功するコツ、それは……「大我《たいが》で生きる」ということです。

これこそが、私が何十年間もやり続けてきたことです。

「大我」とは、みなさんにとって、聞きなれない言葉でしょう。

では「大我」の意味をじっくりと、お話していきますね。

あなたは「我《が》が強い」という言葉を聞いたことがありますか？

「我」とは、「われ」「自分」「自我」という意味です。

「あの人は、我が強い人だ！」と言うとき、まず、いい意味で使われることはありません。

自分の都合を優先させて何かを主張したり、ワガママだったり、ガンコだったり……と、悪い意味で使われることがほとんどでしょう。

しかし、本当は「我」には、二つの種類があるのです。

ひとつは「大我」と呼ばれるもの。

もうひとつは「小我《しょうが》」と呼ばれるもの。

「大我」と「小我」の意味は、まったく違います。

そして、人は、「大我」で生きることも、「小我」で生きることも、自由意思によって選ぶことができます。

「大我」とは、「自分も楽しく、人にも喜ばれること」。

自分のためにもなり、相手のためにもなる。

さらには、世の中すべての人たちが、豊かで幸せになることを願うこと。

これを「大我」というのです。

例えば、あなたが会社の社長だったら、自分も仕事をすることが楽しくて、お客さんのためにもなり、会社のスタッフも、取引先の人も、その会社に関わるすべての人が幸せになることを考えて、会社のしくみを作ること。

また、あなたが作家だとしたら、自分も書くことが楽しくて、読者にも喜ばれ、取材した人も、出版社も、編集者も、その本に関わるすべての人が幸せになるような本を書くこと。

これが「大我で仕事をする」ということです。

大我で仕事を始めると、あなたは失敗することはできません。出逢う人すべてが、自然とあなたのファンになり、あなたを応援することになります。

そして、応援してくれるのは、人間だけではないのです。大我で仕事を始めると、神さまが「それ、いいね！」と喜んで、強烈なサポートを始めるのです。

もうそうなったら、あなたは成功せずにはいられません。「失敗」とは無縁の人生になるのです。

さて、この話のポイントは、「どんなときも『大我』から気持ちがブレないようにすること」です。

ズバリ言うと、たいていの人は、一時的に「大我」になっても、しばらくすると、気持ちがそこからブレてしまうのです。
「大我」から気持ちがはずれると、神さまの応援は、ピタリとやむことになります。

その人の「実力」だけで、勝負していかねばなりません。
「実力」というと、何だかすごい力があるように思いますが、人が持っている実力なんてものは、実は、たいしたものではないのです。

私も、もし実力だけで仕事をしたら、「生涯納税額日本一」になるような成功は絶対にありませんでした。
「えっ、一人さん、ホントですか？」と思うでしょうが、ホントです（笑）。

私より頭のいい人や、才能がある人、努力家の人も、世の中にはたくさんいるでしょう。

しかし、これだけは言えるのです。

「一人さんは、どんなときも、大我からブレなかったから成功できた」。

そう断言できるのです。

＊一人さんの魔法のルール

「大我」とは、「自分も楽しく、人にも喜ばれること」

一人さんは「宗教ギライの神さま好き」

　さて、この「大我のこと」を書くにあたって、私はちょっと迷ったことがあります。

　なぜなら、この「大我のこと」をお話するときに、「神さま」という言葉が頻繁に出てくるからです。

　私は自分のことを「宗教ギライの神さま好き」と言っています。

「神」という存在は、確かにいると信じています。

　だからといって、私のやっていることが「宗教」だと誤解されては困ります。

私は宗教家でもなければ、何かの宗教に入っているわけでもありません。

そして、これからも、入るつもりはありません。

それを、最初にしっかりお伝えしておきます。

むしろ、「自分は、どこの宗教にも属していないけど、神の存在を信じている」という人に、この本を読んでもらいたいと思っています。

(※ちなみに、私は宗教をやってる人を否定しているわけではありません。もし、あなたが「宗教好き」なら、やっててくださいね)


さあ、「大我の話」に戻りましょう。

「大我」から気持ちがブレると、それは「小我《しょうが》」で物事をやる人になります。

「小我」とは、いったい何でしょうか?

先ほどもお話ししましたが、「小我」で物事をやる人を、神は応援しません。

ですから、「小我」でやったことがうまくいくにせよ、失敗するにせよ、それは自分の「実力」だけで動いた結果ということになります。

「小我」には、大きく分けると二つのタイプがあります。

ひとつめは「自分さえ良ければいい」という、自分勝手な考え方の人です。

この「自分さえ良ければいい」というのは、自分一人だけが得をしようとすることでもありますが、もうちょっと広い意味でとらえてください。

例えば、「自分の会社だけ儲けられればいい」とか、「自分の家族だけ安全ならいい」というように、自分のいるカテゴリーさえ良ければ……という考え方も含まれます。

このような自分本位の考え方を、神は嫌うのです。

そして、小我のもうひとつのタイプは「私はいいのよ……」と自分を犠牲にする人です。

実は、私のファンになってくれたり、いわゆる世間で「いい人」と呼ばれる人に、「私はいいのよ……」タイプが実に多いのです。

このタイプの人は、自分が遠慮したり、ガマンすることを、「いいこと」だと思っているふしがあります。

「自分さえガマンをすれば、うまく回っていく」

「他の人が、幸せになれば、私はそれでいい」

こういう考えは、一見、「いいこと」のように思えるでしょう。

声を大にして言いたいのですが、この考え方は「まちがい」です。

神は、自己犠牲を嫌います。

地球上のすべての人間が「神の子」です。

神は、地球上の「みんな」を幸せにしたい。

その「みんな」の中に、あなたも、もれなく含まれます。

だから、「自分」を抜いたものは、「みんな」ではありません。

自己犠牲は、神の望むことではないのです。

ガマンや遠慮がいいことだと思っている人は、親御さんや先生から、何度も「ガマンしていれば、いつか、いいことがあるよ」とか、「自分のことは後回しにする方が、奥ゆかしくていい」などと、言われて育ってきたのでしょう。

しかし、ガマンしたり、遠慮して生きることで、あなたは、幸せになりましたか？

「はい、私、幸せになりました！」と答えた人、正直に答えていますか？

別に、一人さんにはウソをつかなくてもいいんですよ（笑）。

自分を犠牲にすることで、幸せになった人はいませんよね。

幸せになっていないのなら、あなたの考えが「まちがっている」ということです。

さらに言えば、あなたにそれを教えた親御さんや先生の考え方も「まちがっていた」……ということなのです。

そのことに、早く気付かなくてはいけません。

ちなみに、「自分が幸せになることを遠慮したり、自分の幸せを後回しにするのはやめようね」という話をすると、「では、ワガママにふるまってもいいんですか？」と意気込む人がいます。

そう極端にとらえないでほしいものです。

私が言いたいのは、「あなたも幸せになるべきだし、周りの人も幸せになるべきだ」ということです。

その二つを両立させる道は、必ずあります。

そして、それこそが「大我で生きる」ということなのです。

「小我」には、「私さえ良ければいい」と「私はいいのよ……」の二つのタイプがありますが、どちらも神の望む生き方ではありません。

小我で生きていると、神さまは、「まちがっていることに気付きなさい。さあ、早く気付きなさい！」と、その人に、さまざまなメッセージを送ってきます。

それが、いわゆる「困ったこと」です。

病気だったり、貧乏だったり、人間関係のトラブルだったり……、とにかくさまざまな形で、あなたの考え方が「まちがっている」ということに気付かせようとする出来事を、次々と神は起こしてくれるのです。

「そんなはずはない！」「あれは相手が悪いんだ！」「私にまちがいなんて絶対にない！」と、あなたは思うかもしれませんね。

そう思いたい気持ち、一人さんもわかります。

しかし、その「まちがい」に気付かない限り、あなたの病気や、貧乏やトラブルは、永遠に続くことになります。

ですから、いま自分に何かトラブルがあったり、悩みがあったり、どこか苦しかったら、「自分は、どちらかの『小我』で生きていないかな？」という目で、心の中を見直してみてください。

きっと自分の「まちがい」に気付くことができるはずです。

＊一人さんの魔法のルール

「小我」には、「私さえ良ければいい」と「私はいいのよ……」の二つのタイプがある

「大我」を口にしながら、「小我」で動いている人もいる

ちょっとこみいった話になりますが、「世の中のために……」とか、「人を喜ばせるために……」とか、大我を口にしながら仕事をしているけれど、なぜかうまくいかない人っていますよね。

なぜ、うまくいかないのでしょうか?

その理由はカンタンです。

そういう人は、「みんなのために……」と「大我」を言いながら、実は、ほぼ「自分さえ良ければ……」の「小我」で行動しているのです。

口で言っていることと、心の中で考えていることに差がある。

それを神は見抜いているのです。

また、こういうパターンもあります。

一時的には「大我」で仕事をしていたけれど、その仕事が成功するにつれて、周りからチヤホヤされるようになります。

そして、いい気になっているうちに、本来の目的である「大我」を忘れてしまう。

そして、自分が有名になることや、名誉欲にほだされているうちに、気持ちがすっかり「小我」になってしまう。

こういう人の場合は、「大我」のときは成功していたことも、気持ちに「小我」が混じり始めたとたん、なぜかタイミングがはずれるようになります。

そして、やることなすことトラブルが発生するようになり、仕事は下降気味になっていきます。

仕事がうまくいかなくなったとき、「最近、オレ、調子に乗っていたな……」とか、「本来の目的である『大我』を忘れていたんじゃないかな……」と、自分の「小我」に気付いて、また「大我」で仕事をするようになれば、仕事は上り調子になっていきます。

ところが自分の「小我」をかえりみず、「うまくいかないのは、アイツのせいだ……」とか、「世の中が不況だから、しょうがないんだ……」と、人のせいにしていると、どうなるでしょうか?

うまくいかない状態が続いたのち、ある日、「退場」というジャッジが下されます。

サラリーマンなら左遷されたり、経営者なら自分の会社が倒産したり、商人なら自分のお店がなくなってしまう……という現象が起きるのです。

これは、いわゆる「神から退場をもらった」ということです。

「退場」といっても、実は神の愛なのです。

なぜなら、その人は、「退場」をもらわないかぎり、自分の「小我」を「大我」に変えようとはしません。

だから、「退場」をもらって、初めて自分の心の中を、洗いざらい見直すようになるのです。

その機会を、神が作ってくれているのです。


神さまというのは、人が何を思っているか、また、隠れて何をしているのかを、すべて上から見ています。

「この人は、大我で動いているんだな……」、「この人は、残念ながら小我だな……」と、すべて神にはお見通しです。

大我で動く人には、「それ、いいね！」という、神の応援を示す出来事が連続して起こってきます。

小我で動く人には、「その考え方は、まちがっているよ」「早く、改めなさいよ」という出来事が連続して起こってきます。

実に、シンプルなしくみです。

ですから、たとえ人をうまくだませたとしても、神をだますことは絶対にできないのです。

＊一人さんの魔法のルール

うまくいかないときは、「小我」で動いている

「天職」の本当の意味

「天職」という言葉があります。
実は多くの人は「天職」という言葉の、本当の意味を誤解しているかもしれません。
「天職」とは、「自分の性質にぴったりの仕事」だと思っている人が大半でしょう。
「だから、天職を探さなくてはいけない……」と思っている人もいるでしょう。
でも、「天職」の本当の意味は、そうではないのです。

「天職」というのは、「もし自分が神さまだとしたら、この仕事をどうやってやるだろう?」と考えながら仕事をすることです。

要は「大我」で、いま与えられた仕事をすれば、すべて「天職」になるのです。

たとえば、あなたがレストランのコックに見習いとして入って、最初に「皿洗い」を担当することになったとします。

「こんなにたくさんのお皿を洗うのは、大変だな。ちょっと手をぬいて、すすぎを短くしよう。ちょっとぐらい洗剤が残っていても、そんなの客にわかりゃしない……」。そう思いながら仕事をするのは、「小我」で仕事をしているということになります。

これは、命じられたことを手抜きしながらやっているにすぎず、とても「天職」だとはいえません。

　また、こういう気持ちでお皿を洗っても、ちっとも仕事が楽しくないのです。

「もし、神さまが皿洗いを担当したら、どうするだろう？」と考えてみましょう。

　すると、「きっと神さまだったら、びっくりするほどピッカピカにして、お客さんを驚かせるだろう。お客さんは『さすがはプロの仕事だ！』と感心して、今夜の食事をますます楽しんでくれるだろう……」と思い付くでしょう。

　また、「もし神さまだったら、お客さんの健康のためにも、洗剤は一滴も残さず、きれいに洗い流すだろう」とも思うでしょう。

　このように「もし神さまだったら……」と考えながらお皿を洗っていると、仕事がものすごく楽しくなります。

この考え方こそが、「大我で仕事をする」ということです。

いま自分に与えられた仕事を、「大我」でやっていくこと。

それこそが本当の「天職」なのです。

よく、「私の天職は何だろう?」と悩んだり、「私の天職は他にあるかもしれない……」と仕事をくるくると変える人がいます。

でも、「天職」は探さなくてもいいのです。

自分のいまやっている仕事を「天職」にすることは、今日からでもできるのです。

ちなみに、いま、あなたがやっている仕事は、「天に呼ばれた仕事」です。

その仕事には、あなたにとって、必ず何かの「学び」があります。

だからこそ、その仕事に就くことになったのです。

天に呼ばれた仕事を、大我でセッセ、セッセとやって、自分で「天職」にしていく。

これこそが本当の「天職」です。

もし、他にもっと合う仕事があったとしても、いまの仕事を大我でやっていれば、必ず天から次の「お呼び」がかかります。

「お呼び」を具体的に言うと、人から「こういうことをやってくれない」と頼まれたり、「うちの会社に来てほしい」とお呼びがかかったりするのです。

こうやって「お呼び」がかかった仕事を、次々と大我でやっていると、いい人と出逢ったり、チャンスが巡ってきたり……と、あなたにとって「いいこと」ばかりが連続して起こるようになります。

何度も言いますが、この話のポイントは、「神さまだったら、どんなふうに？」と常に考えながら仕事をすることです。

個人の意思で仕事をすると、「どうしたらもっとラクできるかな」とか、

「これは大変だから、手を抜こう」とか、ろくなことを考えません。

ちなみに私は「もし、神さまが、健康食品の会社をやるとしたら、どんなふうにやるだろう？」と思って、「まるかん」という会社を作りました。

「神さまだったら、どんなふうに？」と考えたときに、「きっと、人が本当の意味で健康になるには、『体の栄養』と『精神的な教え』の両方を伝えるだろう」と思ったのです。

「神さまだったら、どんなふうに？」と考えながら仕事をしていくと、なんだかワクワクして、毎日の仕事が楽しくなります。

また、自分が考えたとは思えないような、ひらめきやアイデアもあふれ出てくるようになります。

それこそが「大我で仕事をする」ということ。

大我で仕事をした日から、あなたの仕事は「天職」になるのです。

＊一人さんの魔法のルール

大我で仕事をすれば、すべて「天職」になる

大我で仕事をするようになると、「ひらめき」があふれ出る

「大我」で仕事をするようになると、神さまがあなたのことを強烈に応援してくれるようになります。

また、神さまだけでなく、あなたについている「守護霊」や「指導霊」も大喜びして、あなたのサポートを始めるようになります。

ちなみに「守護霊や指導霊って何ですか?」と言う人もいますよね。霊といっても、「幽霊」のことではないんです(笑)。

ちょっと説明しておきましょう。

「守護霊」とは、文字通り、その人をいつも守ってくれる霊のこと。

この「守護霊」というのは、どんな人にも必ずいます。いま病気をしている人や、貧乏で困っている人、人間関係のトラブルに悩んでいる人にも、「守護霊」は必ずいます。また、事件や人殺しを起こしてしまうような人にも、守護霊は必ずいるのです。

しかし、いまから話すことが大事です。

「守護霊」が動けるのは、「大我」でいるときだけです。「自分も楽しくて、人のためにもなることをしたい」と考えているときだけ、守護霊は思いっきりサポートすることができるのです。

その人が「私さえ良ければいい！」とか、「私はいいのよ……」と小我でいるときは、守護霊は守ってあげたくても、手出しができません。

あなたの後ろで、「残念だなあ……」という思いで、じーっと見ていることしかできないのです。

また、「指導霊」とは、その人の守護霊と協力して、才能や仕事など、専門的な分野で、その人を指導してくれる霊のことです。

この「指導霊」は、その人が日頃考えていることのレベルによって、「入れ替わる」というおもしろい性質があります。

例えば、その人の魂のレベルが「小学一年生」なら、小学一年生にふさわしい「家庭教師」として、指導霊がつきます。

魂の段階が「高校三年生」のレベルになったら、高校三年生にふさわしい「家庭教師」がつくのと同じように指導霊が入れ替わるのです。

ですから、その人が「大我」で物事をやろうという思いが強いほど、さらにレベルが高い「指導霊」に入れ替わるのです。

神さま、そして「守護霊」や「指導霊」。

大我で生きるようになると、このような見えない存在がこぞって、あなたの協力を始め、あなたの人生を盛り上げていきます。

言ってみれば強力な「親衛隊」を、常に引き連れているような状態です。

「親衛隊」は、あなたにいろいろなサポートをしてくれますが、そのサポートのひとつが、「ひらめきやアイデアがバンバンでること」。

例えば、商品を作っている人だったら、「あれとあれを合わせると、すごいものができるな！」というアイデアがバンバン降りてくる。

文章を書く人だったら、「こうやって書いたら、わかりやすいな」とか、「こうやって書いたら、おもしろいな」というアイデアやキャッチコピーがバンバン降りてくる。

講演をやる人だったら、「こういう言葉でしゃべったら、お客さんは喜ぶだろうな」というアイデアがバンバン降りてくる。

いわゆる「今日は、頭が冴えている！」という状態が、大我である限り、ずっと続くことになります。

このひらめきやアイデアは「自分が考えたものだ」と思ってしまいがちです。

しかし、本当は、「大我で生きようとしているあなたを応援して、神が授けたもの」なんですよね。

ですから、アイデアやひらめきを喜んで受け取ると同時に、世のため、人のために、広い心で、そのアイデアを大切に使っていく。

このことを忘れたらダメなのです。

アイデアやひらめきをバンバンもらったことで、「自分は特別な人間だ」とか、「自分だけ得しよう」とか、そういうふうにせまい見解になったとき、アイデアやひらめきは、ぴたりと降りてこなくなってしまいます。

あくまでも神は、「大我で生きる人」に、アイデアやひらめきを授けたいのです。
そのことを忘れずにいたいものです。

＊一人さんの魔法のルール

ひらめきやアイデアは、「大我で生きるあなたを応援して、神が授けたもの」

大我で生きると「特典」がある！

「大我」で生きるようになると、その人には、さまざまな「特典」がついてきます。

「小我」で生きているときは、避けられないようなことも、「大我」で生きることによって、神さまが、「それなら、今回は免除しましょうか……」と、なかったことにしてくれるのです。

そのひとつが「因果《いんが》の免除」です。

精神世界の勉強をしている人は「因果」と聞いて、ピンとくるでしょう。

でも、中には「因果って、何ですか？」という人もいるかもしれません。

そういう人のために、もういちど「因果」のことを説明させてくださいね。

「因果」とは、自分が特定の人や、世の中にやってきた「良くない行い」のことです。

この世には「自分がやったことは、必ず自分に帰ってくる」という決まりがあるのです。

「えっ、私、悪いことなんて、してない！」と言う人も、因果は、多かれ少なかれ持っているものです。

たとえ今生（今回の人生）で因果がなかったとしても、前世で作った因果を、今生で体験することになっているのです。

生まれ変わることを知らない人は、「何それ？」と思うことでしょう。

これは、初めて聞く人にとっては、ちょっと難しい話かもしれません。

話している一人さんも、「これは、そうとう難しい話だ！」と思っています（笑）。

でも、大切なことなので、聞いていてくださいね。

人は、何度も、何度も、生まれ変わります。

今回の人生が「初めて」だと思っている人もいるでしょう。

しかし、私たちは何度も生まれ変わっていて、私たちの魂は前世のことも、潜在意識で覚えています。

そして、今回の人生が終わっても、必ずまた「来世《らいせ》」がある。

そう、私たちの肉体が亡くなっても、「魂」というのは死なないのです。

「なぜ、そんなことが起こるんですか？」というと、「魂のステージを向上させるため」。

私たちは生まれ変わるたびに、新しいことを学んで、魂を向上させていく。

生まれる前に、神さまとその約束を交わしてきたのです。

さらに、生まれる前に、「こんどの人生では、この因果と、この因果を消してこよう」と自分で決めてくるのです。

自分が作った「因果」を消すためには、まず、自分が良くないことをした相手の気持ちを、とことんわからなくてはなりません。

ですから、立場が逆転して、生まれることがほとんどです。

そして、相手の気持ちを知った上で、そのことを受け入れ、許したときに、初めて「因果」は消えるのです。

難しい話でしょう?

一人さんも、「そうとう難しい話だ!」と思います(笑)。

では、もうちょっと具体的に説明しましょうね。

例えば、「子どものころ、お母さんがなかなか家に帰ってこなくて、寂しい思いをした……」という人がいるとします。

そういう人は、「ひどい母親の元に生まれてしまった……」と、お母さんを恨みたい思いでいっぱいでしょう。

しかし、これが「因果」だとしたらどうでしょう。

前世で、あなたが母親だったときに、家に帰らず、子どもの世話をしなかったという「因果」を作ったかもしれないのです。

そう思うと、お母さんをちょっとだけ許せそうな気がしませんか？

また、「彼氏がほしいのに、なかなかできない……」という女性がいるとします。

この女性は、「私のようないいオンナに、なぜ彼氏ができないのかしら？」と不思議に思っているかもしれません。

しかし、前世で、あなたが男性にモテモテだったとき、その気もないのに高価なプレゼントを貢がせて、用が済んだらプイッと冷たくするなど、男性に悲しい思いをさせた……という「因果」を作っていたらどうでしょう？

そう思うと、彼氏のできないことがちょっとだけ、受け入れられそうな気がしませんか？

このように、今回の人生で、あなたに起こる悩みや「困ったこと」は、「前世、自分がしてしまったこと」と関係していることが多々あります。

ところが、この「因果」を逃れる方法が、ひとつだけあるのです。

「大我」で生きることです。

「大我」で生きることを始めると、いままで悩んでいたことが、なぜかスーッと消えてしまったり、意外な方法で解決してしまうことがあります。

「母親が帰ってこなくて、寂しい思いをした……」という人は、お母さんが突然、「あのときは、ごめんね」と謝ってくれるかもしれません。

そのお母さんのひと言で、あなたの心の中のわだかまりは、スーッとなくなっていくのです。

また、「彼氏がほしいのに、なかなかできない……」という人は、ひょんなことをきっかけに、ステキな男性と巡り合って、念願の彼氏がゲットできるかもしれません。

とにかく、大我で生きることを始めると、あなたが長年、「困ったなあ」と思っていたことや、心にひっかかっていたことが、不思議とスルスル解決していく。

これは神さまが「あなたが大我で生きるなら、因果を免除してあげましょう！」と言っているのです。

（※ちなみに、その人の持っている、すべての「因果」が免除されるとは限りません。神さまが「まだ、この因果は残しておいた方が、本人の魂の向上

になるな」と判断された場合は、あえて因果を残すこともあります）

この話のポイントは、「大我で生きるようになったあなたを応援して、神さまが因果を免除してくれた」ということです。

もし、あなたの生き方が「小我」に戻れば、「因果を免除する」という特典もなくなります。

大我で生きることを忘れたとたん、「おさまっていた問題がぶり返す」ということも予想できます。

ですから、幸せに生きたかったら、どんなときも、「大我」から心がブレないようにすることが大切なのです。

＊一人さんの魔法のルール

大我で生きると「因果」が免除される

病気をするのは「大我」からはずれているから

いま病気をして、苦しい思いをされている人もいるでしょう。

病気の人は、薬を飲んだり、サプリを飲んだり、食事療法をしている人もいるかもしれません。

治療をしていく上で、ひとつ思い出していただきたいことがあります。

それは、「大我で生きているかどうか？」ということです。

「こんな大変なときに、そんなこと考えていられない！」と思うかもしれません。

しかし、このことが、あなたの症状をいちばん早く改善する方法なのです。

病気になる前、あなたはどんな心でいましたか？

イライラや怒り。不安や心配。そんな思いで毎日を過ごしていませんでしたか？

さらに病気になってからは、「なんで自分がこんなことに！」という、とまどいでいっぱいだったでしょう。

その気持ち、一人さんも、よくわかります。

しかし、病気というのは、「神さまからの手紙」です。

どんな手紙かというと、「あなたの考え方は、まちがっていますよ」というものです。

そして、「まちがいに気付いて、大我で生きなさい！」と神さまがあなたにメッセージを送っているのです。

そのことに心底気付いた日から、あなたの病気の症状は、改善に向かっていきます。

実は一人さんも、体の具合が悪くなるときがあります。

そういうときは、「オレは、大我でいるだろうか？」と自分の心を見直すと、やはり「小我」の部分が見えてくるのです。

そして、「小我」の部分を直すと、体調がウソのように良くなるのです。

少し前も、こんなことがありました。

実を言うと、一人さんは自分のことを、人から「すごい人だ！」と思われるのがイヤなのです。

「新小岩の気のいい兄ちゃん」として気楽に生きたい。

こんなことを言うのはナンですが、ホンネを言うと、これ以上、有名になるのはイヤなんです。

例えば、お店に入ったときに「あ、一人さんだ！」とお店の人に気が付かれるのも恥ずかしい。

女性と歩いているときに、「あれ、一人さんの彼女じゃない？」とウワサされるのもイヤです。

そして、エッチな本も自由に立ち読みしたい（笑）。

私のホンネとしては、そんなところです。

ところが、いま、私のお弟子さんが講演で「一人さんはすごい人だ！」という話を、ずっと話しています。

また、「一人さんが私を成功に導いてくれた」という本が、毎月のように出版されています。

こういう現象に対し、一人さんとしては、「オレ、そんなにすごくないよ……」という気持ちでいっぱい。

言われる本人としては、何とも、いたたまれない気持ちです（※しかし、私はお弟子さんに対して、「そんなこと、言わないでね」と口に出したことは一度もありません。「本人が言いたいなら、言っていい」が一人さん流です)。

そんなわけで、お弟子さんの言うことに口こそ出しませんが、あまりにも「一人さんってすごい！」という話がふくらんできてしまったので、「何とか、これ以上、有名にならない方法はないかな……」と、真剣に思ってしまったりもするのです。

ところが、私が「有名になりたくない……」と思ったとたんに、なぜか体調が悪くなるのです。

はじめ、私は、なぜ体調が悪くなるのか、不思議でしょうがありませんでした。

しかし、あるとき、気付いたのです。

「有名になりたくない」というのも、「小我」なのです。

なぜなら、お弟子さんが、私から教わったことを、もっと多くの人に話したり、それが本になったりすることで、より多くの人を助けるお手伝いができるかもしれないのです。

それで、一人さんがますます有名になるかどうかは、神さまが決めること。

「もっと人助けができるのに、やらない……」というのは、一人さんの小我ですよね（笑）。

私に、そのことに気付いてほしくて、神さまはメッセージを送っていたのだと思います。

*一人さんの魔法のルール

体の具合が悪いときは、心の中に「小我」がある

「お金はもらわなくてもいい……」は小我になる

さきほど「小我には二つのタイプがある」という話をしました。

ひとつは、「私さえ良ければいい」という自分勝手な考え方の人。

もうひとつは、「私はいいのよ……」と自分が幸せになることを遠慮する人です。

さて、「私はいいのよ……タイプ」の人で、「私はずっとお金に困ってきた」という人がいます。

この手の人は、こんな口グセがありませんか?

「私は人が喜んでくれれば、お金はもらわなくてもいい」。

しかし、この口グセがまちがっているのです。

よく考えてみてください。

「お金をもらわない」ということが、本当に正しいのでしょうか？

この世には、「人の役に立ったとき、お金が入ってくる」という法則があります。

言ってみれば、お金の額は「どのくらい役に立ったか」というバロメーターのようなもの。

人の役に立てば、その人のところにお金が入ってくる。

これが「自然の流れ」です。

ところが、あなたが、お金が入ってくることを遠慮したり、断ったりすると、「自然の流れ」に逆らうことになります。

「自然の流れ」に逆らうことは、「小我」です。

あなたのところに流れてくる「お金」というエネルギーを拒否することも、また不自然な生き方です。

お金は「汚いもの」ではありません。

人を幸せにしてくれる「すばらしいもの」です。

それを拒否するような言い方をするのは、おかしなことです。


また、こんなケースもあります。

あなたの前に、「たくさんのお金が入ってくる仕事」と、「少ししかお金が入ってこない仕事」があって、どちらかを選べるとします。

この場合、多くの人は、こう言うでしょう。

「私は、お金は少しでもいいの。人に喜んでもらえる仕事を選びたいの」。

ところが、これがまちがいなのです。

神さまは、あなたに「お金がたくさん入ってくる仕事」を選ぶことを望んでいます。

なぜなら、「お金がたくさん入ってくる仕事」というのは、「誰かが、それだけたくさんのお金を払っている」ということです。

ということは、「あなたがそれをすることを、望んでいる人がたくさんいる……」ということになります。

そっちを選ぶことが「社会貢献」であり、神さまの望む答えなのです。

お金がたくさん入ってくる仕事があるにもかかわらず、そのことに全力で取り組まないで、「お金が入ってこない仕事」にセッセと精を出しているのは、「選択をまちがっている」ということになります。

（※ちなみに、私は「ボランティアがいけない」と言っているのではありません。ボランティアは尊いことです。しかし、相手が「お金を差し上げたいんです」と申し出てくれたときには、それをありがたくいただくのが「大我」です。あえて断るのは、バランスが崩れていませんか？　と言いたいのです）

この話は、ちょっと、わかりにくい話かもしれません。

一人さんも、「わかりにくいだろうなあ……」と思っています（笑）。

しかし、一生懸命「いいこと」をしているのに、お金が入ってこないときは、あなたのやっている何かが「まちがっている」ということです。

まちがっていることは、たいてい、あなたが「正しいと思い込んでいること」が多いのです。

お金の問題に限らず、病気や、人間関係のトラブルなど、何かあなたの前に「困ったこと」が現れたとき。

あなたのやっている何かが「小我」なのです。

そのことに早く気付いていて、心を「大我」に戻して判断しましょう。

心を「大我」に戻して判断すると、神さまは早いタイミングで「それでいいんですよ！」という出来事を起こしてくれます。

自分にとって、想像もしなかったような嬉しい出来事が起こるのです。

それを人は「奇跡」というのです。

「奇跡」は、神さまからの、「それ、いいね！」です。

大我で生きていると、神さまの「それ、いいね！」が、次から次へと、なだれのように起こってくるのです。

＊一人さんの魔法のルール

大我にあわせて判断すれば、
「お金に困ること」もなくなる！

第二章　「圧」を上げれば、あっという間に成功する！

「大我」でいるのに成功しない理由は、「圧」がないから！

「『大我』で生きていると、どんな人でも成功してしまう」。

さきほどこう言いましたが、ひとつ大事なことを言うのを忘れていました。

一人さんとしたことが、痛恨のミスです（笑）。

実は、「私は『大我』で生きているのに、なぜか成功しない……」という人が存在するのです。

こういう人の場合、成功しない原因はハッキリしています。

「圧《あつ》がないから」。

「圧って何ですか？」と皆さんは思うでしょう。

「圧」は、人が元気でイキイキと生きること、そして成功するのに、欠かせないものです。

改めて言いますが、「大我」で生きていて、「圧」を上げていれば、すべてのことがうまくいきます。

では、「圧」について、じっくりと説明していきましょう。

例えば、「あの人の圧がすごくて……」と誰かが言ったとき、あなたはどんな人を思い浮かべるでしょうか？

威圧的で、やり手で、ちょっとでも反論を言ったら、やりこめられそうな人。

一般的には、そんな人を想像すると思います。

ところが、一人さんの言う「圧」は、ちょっと違うのです。

私の言う「圧のある人」とは、「やる気」や「気合い」がある人のこと。

もうちょっと詳しく言うと、「成功へ向かって、押し出そうとする力がある人」のことを言います。

世の中には「圧」が強い人と、弱い人がいます。

ちなみに、私たちは自分の意思で、「圧」をカンタンに上げることができます。（※のちほど、109ページで、その方法を詳しくご紹介します）

まずは、なぜ「圧」を上げると、いろいろな物事がうまくいくのかを、先に説明しましょう。


この宇宙には、私たちを元気にイキイキとさせてくれる「生命エネルギー」というものがあふれています。

この「生命エネルギー」は、ある特定のモノに、流れるようになっています。

特定のモノとは……、「圧があるところ」です。

人間でも、動物でも、植物でも……、また、海や川や山などの自然でも、「圧のあるモノ」や「圧があるところ」には、「生命エネルギー」が流れ込むようになっているのです。

「圧のあるモノ」や「圧のあるところ」には、こんな特性があります。

「勢いよく動いていること」。

「外へ向かって、ぐんぐん押し出そうとしていること」。

このような活動をしているモノにはすべて、宇宙の「生命エネルギー」が流れ込み、パワーアップするようになっています。

ちょっと例を出して説明しましょう。

例えば、「勢いよく流れる川」には、「圧」があります。

サラサラと流れている川には「圧」があるので、宇宙の「生命エネルギー」が注ぎ込まれています。

ですから、川の水というのは、いつまでも腐らず、新鮮です。

ところが、この川の水をバケツに汲んできて、しばらく放置しておくと、どうなるでしょうか？

バケツの中の水は、腐ってしまいます。

なぜなら、「サラサラと流れる」という動き（圧）を止めてしまったので、「生命エネルギー」が入らなくなったのです。

「生命エネルギー」が入らなくなったモノからは、「圧」が抜けてしまいます。

「圧」が抜けたモノは、しばらくすると、自然と腐敗していくようになっているのです。

ですから、バケツの水は、しばらく放っておくと、腐ってしまうのです。

また、ミカンの木になっている「ミカンの実」は、最初はピンポン玉くらいの可愛いものですが、枝や幹を通じて、大地から養分を吸い上げて、少しずつ大きくなっていきます。

あれはミカンなりに、「外へ向かって、ぐんぐん押し出そう！」としている動き（圧）です。

ですから、木になっているミカンの実には、「圧（やる気）」があるので、宇宙の「生命エネルギー」が注がれています。

ところが、ミカンの実を枝からもいできて、そのまま何週間も放っておくと、どうなるでしょうか？

いたんでしまいますよね。

これは木の枝から実をもいでしまったため、「養分を吸い上げる」という動き（圧）を止めてしまったことになります。

その結果、「生命エネルギー」が注がれなくなり、しばらくは鮮度を保っていましたが、だんだん「圧」が抜けていってしまった。

そして、ミカンの実はいたんでしまったのです。

「圧」のあるところには、宇宙の「生命エネルギー」が注がれる。

「圧」がなくなると、「生命エネルギー」が注がれなくなり、圧が抜けてしまう。

「圧」が抜けたものは、だんだんいたんでいく。

これが「宇宙の法則」です。

そして、大事なのは、これからです。

この「圧の法則」は、人間にも同じことが言えるのです。

＊一人さんの魔法のルール

「圧」のあるモノに、宇宙の「生命エネルギー」が注がれる

「圧」のある人は、たくさん動いても疲れない！

「圧の法則」は、人間にも同じことが言えます。

例えば、仕事に行くときに、「よーし、今日は、いい仕事をするぞ！」という気持ちで行くと、たくさん動いても疲れません。

これは、その人の「圧」が高いので、宇宙から「生命エネルギー」が注がれて、元気になっているのです。

その反対に、「仕事に行くの、イヤだな、イヤだな……」という気持ちで行くと、自分の体の中から、「圧」がどんどん抜けていきます。

だから、ちょっと動いただけで、「すっごい疲れる……」という現象が起こるのです。

「圧の高い人」は、疲れにくくて、老けにくい。

病気にもなりにくいのです。

そして、周りの人は、「あの人は圧が高い」ということが自然とわかります。

ですから、人から信頼されたり、応援されたり、大事な仕事に抜擢されたり、いわゆる「ツキ」が続々とめぐってくるのです。

その反対に、「あの人は圧が弱い」ということも、周りの人は自然とわかってしまいます。

「圧が弱い人」は、人からいじめられたり、なめられることが多々あります。

また、「圧」がぬけたミカンの実がいたみやすいように、人の心も「圧」が抜けると、元気がなくなったり、弱気になったり、うつっぽくなることもあります。

ですから、元気で若々しく生きて、仕事でも成功したければ、「圧」を上げることが大切なのです。

＊一人さんの魔法のルール

成功したければ、「圧」を上げればいい！

食べ物にも、「圧」を上げる方法がある！

さきほどミカンの話をしましたが、野菜や果物というのは、収穫したてのものが、いちばん「圧」があります。

肉や魚なら、とりたてで鮮度のいいものが「圧」が高い。

「圧」の高い、新鮮なものを食べていると、その人の体の「圧」も上がります。

しかし、そうはいっても、皆さんは忙しいので、毎日、買い物に行ける人はめったにいませんよね。

冷蔵庫で保存しておいたモノを食べることも多いでしょう。

その場合、「圧」を上げるカンタンな方法があります。

フライパンや鍋で焼いたり煮たりして、熱を入れれば、食べ物の「圧」は上がります。

また、食べるときに、「塩（自然塩）」をふることでも、「圧」が上がります。

「塩（自然塩）」というのは、体の「圧」を上げる食べ物です。

特に、気の弱い人や、うつっぽい人、冷え性の人などは、塩（自然塩）をたくさん摂ることが大事です。


東京の新小岩にある「一人さんファンの集まるお店」では、お客さんに、「一人さん焼き」という料理を出しています（※材料費のカンパ金として、三〇〇円をいただいています。また、料理が出されるのは夜の一八時からです）。

「一人さん焼き」の作り方は、ホットプレートに、「太白ごま油」をたっぷりひいて、ひと口大にカットした野菜（玉ねぎ、じゃがいも、レンコン、ナス、ニンジンなど）を入れて、じっくりキツネ色になるまで焼いていきます。ちなみに、野菜はいろいろな種類を混ぜて「野菜炒め」のようにしないで、必ず一種類ずつ焼いてください。

野菜にはそれぞれ「神さまがつけてくれた味」があります。

玉ねぎには玉ねぎの、レンコンにはレンコンの「個性」というものがあります。

それぞれの「個性」を混ぜあわせずに、生かすようにして料理をしていくと、すっごく美味しいものができるのです。

キツネ色になるまで焼いたら、塩（自然塩）をたっぷりふりかけて、アツアツのところを口に入れます。

「圧」が最高に高くなっている状態で、食べるのです。

なんともシンプルな食べ方ですが、やってみると、そのおいしさにびっくりするでしょう。

また、おしゃれな「サイドメニュー」もあります。

それは「一人さんキムチ」と呼ばれるもので、市販の「キムチ」に、塩（自然塩）とクエン酸をたっぷりふりかけて、箸でよく混ぜたもの。

このキムチは、ひと口食べるだけで、疲れがふきとぶ強烈な味です。

「超すっぱ辛い！」というのでしょうか。

思わず、お酒がすすんでしまう味で、一人さんたちは、このキムチを食べることを「キムチの行《ぎょう》」と呼びます（笑）。

「一人さん焼き」も「一人さんキムチ」も、食べているうちに、やみつきになる「うまさ」があります。

なぜなら、疲れているときは、「圧」が抜けているので、「圧の高いモノ」を欲しているからです。

「何だか最近、疲れているな……」「何だか最近、やる気がでない……」という人は、「一人さん焼き」や「一人さんキムチ」を食べて、体の「圧」をグン！　と上げてください。

＊一人さんの魔法のルール

熱を入れて、塩（自然塩）をかけると、食べ物の「圧」が上がる！

「圧」を利用した一人さん流の健康法

さて、「体のどこかに痛いところがある……」という人に、いいことをお話しましょう。

「圧」を利用して、痛みをカンタンにとる方法です。

例えば、「肩や首がバリバリにコッていて痛い……」というとき。

コリのあるところは「生命エネルギー」が抜けていて、硬くなっているのです。

そこに、「圧」を加え、「生命エネルギー」を入れることで、コリがとれて、やわらかくなります。

「圧」を入れる方法としては、コッている部分に、米粒をバンソウコウで押しこむように貼っておきます。

するとき、あなたが体を動かすたびに、米粒がその部分を刺激して、そこに「圧」がかかります。

「圧」のかかるところには「生命エネルギー」が集まるので、米粒を貼った付近のコリは短時間でやわらいでいき、さらに続けているとコリがとれてしまいます。

これが「圧」を使った健康法です。

これと同じ原理を、昔の兵隊さんは利用していました。

昔、兵隊さんは足に「ゲートル」というのを巻いていました。包帯のような布を、ふくらはぎにグルグル巻きつけておくのです。

なぜ、こんなことをしていたかというと、兵隊さんというのは、毎日、長距離を歩きます。

そのため、足に「圧」をかけておき、疲れずラクに歩けるように工夫していたのです。

体に心地いい程度の「圧」をかけておくと、宇宙の「生命エネルギー」が集まってきて、体がイキイキと元気になる。

この原理は、いろいろなことに応用が利きます。

最近、若い人の筋肉トレーニングやダイエットとして、「加圧トレーニング」が流行っていますが、あれも同じ原理です。

体に心地いい「圧」をかけて運動すると、「生命エネルギー」が集まってきて代謝が良くなり、痩せやすくなるのです。

いま、体のどこかが痛い人は、そこに心地いい「圧」をかけてみましょう。

首や肩がこっている人は、そこに米粒をバンソウコウで貼っておく。

足がむくみやすい人は、ふくらはぎにゲートルのような布をグルグル巻いておくか、「圧」がかかるハイソックスを履いておく。

腰がすぐに痛くなる人は、腰に心地いい「圧」がかかるベルトを巻いておく。

「圧」をかけて、しばらくすると、症状がずいぶんラクになって、痛みがやわらいでいることでしょう。

ちなみに「圧」は、「心地いい程度」にかけるのがコツです。

ギューギューしばってしまうと、「圧」がかかる以前に、うっ血してしまうので、注意が必要です。

心地いい程度に「圧」をかけておくと、そこに宇宙の「生命エネルギー」が自然と集まって、あなたの体をラクにしてくれます。

どうでしょう、一円もかからず、タダで体をラクにする、すばらしい健康法でしょう。
宇宙にある「生命エネルギー」を集めるだけで、私たちの体は癒されて、元気になる。
こんなすばらしい方法を、私たちは神さまからもらっているのです。

＊一人さんの魔法のルール

コッているところに心地いい「圧」をかけると、コリが楽になる

「押し出し」も「圧を上げる」のと同じこと

人が「圧」を上げようと思ったとき、いくつか方法があります。

例えば、積極的に動くこと（行動すること）でも、圧が上がります。

圧の高い食べ物を食べることでも、圧が上がります。

ハリのある声を出したり、圧の上がる言葉（詳しくは109ページ）を口にすることでも圧が上がります。

さらに、うってつけの方法があります。

「押し出し」をすることです。

「押し出し」と聞いても、「何のこと？」と思う人も多いことでしょう。

では、「押し出し」について、じっくり説明していきましょう。

相撲の世界では、「押し出し」というと、相手を土俵から押し出そうとするワザのことを言いますよね。

一人さんの言う「押し出し」は、その「押し出し」とちょっと意味が違うのです。

カンタンに言うと、「自分が世間に押し出そうとすること」。

初めて逢った人が、あなたのことを見たとき、「この人は、やる気がある！」「この人は、何かツキを持っている！」「この人は、売れっ子なんだ！」「この人と付き合いたい！」……、そんなふうに思わせるような雰囲気をかもし出すこと。

それが「押し出し」です。

「押し出し」で、最も大切なのは「見た目」です。

私はいつも「人は見た目が一〇〇％」と言っています。

いくら性格が良くても、見た目が良くなければ、その人の初対面の信頼度や期待度は、絶対的に下がります。

なぜなら、中身をわかってもらうのには、時間がかかるから。

これは、あたりまえのことなのです。

ところが、この「あたりまえのこと」を、多くの人はわかっていません。

「私はやっぱり、中身を見てほしい」とか、「性格がいいとか、心がきれいとか、そういうことで判断されたい」と思っていて、「見た目」にそれほど気を配らないのです。

勘違いされては困るのですが、私は「中身は何でもいい」と言っているのではありません。

もちろん、中身も大切です。
言ってみれば、外見も一〇〇%。そして、中身も一〇〇%。
外見と中身の二〇〇%がそろって、初めて「成功」というのは手に入るのです。
では、「押し出し」の効いた見た目にするには、どうしたらいいでしょうか?
特に、成功している人は、初対面で相手の「持ち物」をよく見ているものです。
正直言うと、着ている服より、バッグとか、腕時計をよく見ているものです。
この話をすると、「でも、ブランド物のバッグは高いから……」とか、「ローレックスの腕時計なんて、とても高くて手が出ない……」という人がいます。

しかし、よく考えてみてください。

バッグや腕時計は、いい物をひとつ買って、それを大切に使ったら、十年以上使える物です。

ローレックスの時計などは「一生使える物」です。

ましてや、時代の流行に左右されないので、子どもにもあげられます。

「いいバッグ」や「いい時計」は、最初に支払う金額は高くても、使う年数で割ってみると、さほど高い買い物ではありません。

それで、あなたを成功に導く「押し出し」ができるのなら、非常に安い買い物といえるでしょう。

私のお弟子さんのみっちゃん先生は、仲間で旅行に行くときに、「会計係」

をしてくれています。

旅館の人と世間話を交わして、みんなの分のチェックインの作業をしてくれるのですが、あるとき、自分が「押し出し」をしているのと、していないのとでは、旅館の人の対応が違ってくる……ということに気が付いたそうです。

みっちゃん先生が、布のバッグを持って、普段着のままチェックインに行くと、旅館の人は「普通に感じの良い対応」をしてくれます。

ところがみっちゃん先生が、ヴィトンのバッグを持って、ロ－レックスの腕時計をしてチェックインに行くと、旅館の人がチラッと、みっちゃん先生のバッグや腕時計を見たそうです。

そして、「本日は、ワンランク上のお部屋が空いていますから、そちらのお部屋にご宿泊の準備をさせていただいてもよろしいでしょうか？　もちろん、同じご料金で」と言ってくれたそうです。

わかりますか？

「押し出し」をしたみっちゃん先生に対し、旅館の人は「最高に感じの良い対応」をしてくれたのです。

この話で大切なのは、「『押し出し』をしていると、ワンランク上の部屋にサービスしてもらえる」ということではありません。

「押し出し」には、それだけ即効性があるということです。

人は、誰でも「いい人」と付き合いたいと思っています。

さらに言えば、「成功していて、さらにいい人」と付き合いたいと思っています。

みっちゃん先生は、「押し出し」をする前も「いい人」でした。誰にでも気さくで親切に接するし、人に対していばったりするような人ではありません。

また、仕事もとてもうまくいっていて、江戸川区の長者番付に載るほど、経済的にも豊かです。

しかし、「押し出し」をしないで、地味な格好をしていたら、初対面の人に、みっちゃん先生の良さはわかりづらいのです。

なぜなら、「中身」というのは、目で見えません。

中身をわかってもらうのには、どうしても時間が必要です。

だからこそ、私たちには、「見た目」というものがあるのです。

「見た目」を磨くことも、神が私たちにくれた大切な使命なのです。

（※「押し出し」のことを専門に書いた本があるので、興味がある方はお読みください。『斎藤一人　誰でも成功できる押し出しの法則』著者・みっちゃん先生／ＫＫロングセラーズ）

この「押し出し」の話をすると、こんなことを言う人がいます。

「私は、地位も名誉もないので、『押し出し』なんか、したってしょうがない」。

しかし、私に言わせると、地位も名誉もないからこそ、「押し出し」をしなければならないのです。

この世には、生まれながらに、地位や名誉を持って生まれてくる人がいます。

伯爵家や歌舞伎の名門など、すでに名が通っている家に生まれてくる人がいるのです。

また、親が仕事で成功していて、お金持ちの家に生まれてくる人もいます。

そういう人は、生まれながらに「押し出し」を持っています。

しかし、そういう人は、他のジャンルのこと（例えば「人間関係」など）で、他の人より多く修行する定めなのです。

人は何かで修行をして、魂を磨き、幸せになるのです。

地位も名誉もない人は、「押し出し」をすることが修行です。

「押し出し」をしないかぎり、幸せにはなれません。

一人さん的に言うと、「地位も名誉もないのに、『押し出し』をしなければ、絶望的！」。

そのことをよく心得てください。

＊一人さんの魔法のルール

地位も名誉もないのに、「押し出し」をしなければ、絶望的！

「押し出し」をしたら、売り上げがいっきに一〇倍に！

「押し出しのある格好をすること」は、仕事の上でも欠かせないことです。

「押し出し」は、見栄やハッタリと勘違いされがちですが、お店をやっている人が、お客さんに好感や信頼感を持ってもらうために、「制服」を着るのと同じようなことです。

「品が良く、高級感があって、いつもパリッとした格好をしていること」は、「自分のため」であると同時に、「相手のため」でもあるのです。

ですから、言ってみれば「押し出し」は、「大我」の行動なのです。

福岡でまるかんの特約店をしている「かずちゃん」（田代和子さん）とい

う女性がいますが、こんな話をしてくれました。

かずちゃんは、私の言う「押し出しは大事だよ」という言葉の意味が、しみじみ実感できるような体験をしたそうです。

かずちゃんは、小さいころから、テレビドラマの『大草原の小さな家』が大好きでした。

ですから、大人になったら、あのドラマに出てくるようなアメリカン・カントリーの服を着てみたいと思っていました。

「大草原の小さな家」を見たことがある人はわかると思いますが、あのドラマで主人公が着ていたのは、フリルがフリフリしているようなエプロンドレスだったり、小花柄のレトロなワンピースだったりします。

かずちゃんは、その「大草原のワンピース」を日常で好んで着て、お店でも、その格好で接客をしていたそうです。

かずちゃんは昔から、面倒見が良くて、とてもやさしい人ですから、当時からお客さんには人気がありました。

ところが最近、私の「押し出しは、大事だよ」という言葉を聞いて、ハッとしたそうです。

「私はいままで自分の〝趣味〟で洋服を選んでいたけれど……。私がやるべきことは、初対面のお客さんがパッと私を見て、信頼していただけるような洋服を着ることだ！」と気付いたそうです。

かずちゃんは急いでデパートに行って、上品なスーツやジャケットを買ってきました。

また、ヴィトンのバッグや、ローレックスの時計もそろえました。

品のいいスーツに身を包み、ローレックスの時計をつけてお店に立つようにしたとたん、なぜか、かずちゃんのお店のお客さんがどっと増えたそうです。

また、企業の社長さんや、成功した実業家など、いままで来なかったようなタイプの人も、お店に来てくれるようになりました。

そして、驚くべきことに、かずちゃんのお店の売り上げは、数カ月でいっきに一〇倍に伸びたのです。

私はかずちゃんの話を聞いたとき、こう思いました。

「かずちゃんは、〝押し出し〟の真の意味を、理解したんだな……」。

私は、かずちゃんの着ていた「大草原のワンピース」が悪いと言っているのではありません。

「大草原のワンピース」は、かずちゃんがお休みの日に着て、楽しめばいいのです。

お店に出る日は、「自分の趣味」ではなくて、「お客さんから好まれるような格好をする」。

　これがプロの商人の考え方であり、「圧」を上げる「押し出し」の行動です。

　そして、さらに言うと「大我」の考え方でもあります。

「大我」の考えに基づいて行動する人には、神さまからの「それ、いいね！」という合図が必ずやってきます。

　お店の売り上げがいっきに一〇倍になるような「奇跡」が起こったのも、神さまが「それ、いいね！」と言っているしるしに他ならないでしょう。

　芸能人でも、実業家でも、戦国武将でも、成功した人はみんな「押し出し」をして、「圧」を上げてきました。

　私は、この世で「押し出し」をしないで成功した例を、見たことがありません。

どの業界でも、長く活躍している人は、必ず何らかの「押し出し」をしているものです。

この大切な事実を、忘れないようにしたいものです。

＊一人さんの魔法のルール

「押し出し」の大切さがわかると、あっという間に成功する！

あなたの「圧」をカンタンに上げる魔法の言葉

次の言葉を、朝起きたら、できるだけ大きな声で言ってみてください。

それだけで、あなたの「圧」が上がり、みるみる元気が沸き上がってきます。

また、気分が落ちこみそうになったときも、この言葉を言うだけで、明るく前向きな気持ちになれます。

まるで「ポパイのほうれんそう」みたいな魔法の言葉です。

●アツ（圧）を、ハリのある声で二〇回言います。

アツ！　アツ！　アツ！　アツ！　アツ！　アツ！　アツ！　アツ！
アツ！　アツ！　アツ！　アツ！　アツ！　アツ！　アツ！　アツ！
アツ！　アツ！　アツ！　アツ！

●同様に、「おはようございます」を一〇回言います。

（朝、会社に行ったときに、みんなに、笑顔であいさつしているところをイメージして）

おはようございます！　おはようございます！　おはようございます！　おはようございます！　おはようございます！　おはようございます！　おはようございます！　おはようございます！　おはようございます！　おはようございます！

●同様に、「がんばります」を一〇回言います。

（上司に叱られたときに、「こんどはがんばります！」と力強く答えているところをイメージして）

がんばります！　がんばります！　がんばります！　がんばります！
がんばります！　がんばります！　がんばります！　がんばります！
がんばります！　がんばります！

第三章　人間関係を征する者が、すべてを征する！

九九％「いい人」であっても、一％の「毒」が、あなたの人生を一〇〇％ダメにする！

さて、大我で生きて、圧を上げると、もう大抵のことはうまくいきます。

基本はしっかりできていますから、ここからは「応用編」ということになります。

「こういう場合は、こうするといいよね」という例を、細かいエピソードで説明していきますから、気軽な気持ちで楽しく読んでください。

一人さんは常々、こう思ってきました。

「人間関係を征するものが、すべてを征する」と……。

例えば、実力や経験があって、優秀だけど、人に傷つくことを言ったり、いばったりする「イヤな人」がいるとします。

その一方で、実力や経験はあんまりないけれど、誰にでも親切で、明るくユーモアのある言葉をかける「いい人」がいた場合、成功が持続するのは、どちらでしょうか?

まさかと思うでしょうが……、圧倒的に「いい人」の方です。

成功というのは、「当て続けた人」の勝ちです。

一時的に成功しても、それがすぐになくなってしまうのは、「成功」とは呼びません。

「まぐれ当たり」というのです。

成功し続けるには、どうしても、その人の「人柄」が問われます。

「この人を応援したい!」「この人のためなら、どんなことでもしてあげたい！」。そう思われる人が、人に押し上げられ、成功し続けることができるのです。

ですから「人間関係」を学ぶことはとっても大事です。

人に好かれることを学ぶことも大事ですが、「人から嫌われないこと」「人から恨まれないこと」を学ぶことも非常に大事です。

なぜなら、人は九九％「いい人」であっても、一％だけ「毒」があると、その「毒」が人生を一〇〇％ダメにする。

そういうものなのです。

「毒」というのは、どんなときに出るのでしょうか？

それは人に指摘したり、注意するときに、出やすいものです。

例えば、あなたが会社の上司であり、部下の仕事のやり方について、注意しなければならないとします。

そのときに、みんながいる前で、ズバッと言うことも、「ちょっと話があるんだよ……」と呼び出して言うこともできます。

人は、どんな人でも、怒られたくないものです。

ましてや、怒られているところを多くの人の前で見せしめにされたり、屈辱的な叱られ方をされたら、怒った人をうらみたくなります。

ちなみに、私の場合は、こんなやり方をしています。

相手に「今日の夜、いい話があるよ」と笑顔でさりげなく言うのです。

そして、その夜、仕事のやり方に対して、「もっとこうした方がいいよ」とアドバイスするのです。

「いい話」と言ったのには、二つの理由があります。

ひとつは、「今日の夜、お説教するよ」と言ったら、言われた方は、その日一日中、ビクビクして過ごさなくてはなりません。

長時間、ビクビクさせてしまっては、相手が可愛そうです。

もうひとつは、「いい話があるよ」と言うことで、たとえそれが、相手が注意を受ける内容だとしても、相手は「これは自分にとって、いい話なんだ」と前向きにとらえます。

だから素直に受け止めて、改良しようとするのです。

言葉というのは不思議なもので、最初に私が「いい話」と言ってしまうと、その人にとって、必ず「いい話」になるように作用していきます。

これが「言霊の魔法」というものですね。

人に注意をするときって、難しいものですよね。

多くの人の前で、ズケズケ言われてしまうと、傷ついて、カラにこもってしまう人もいるでしょう。

素直になれなくて、「だって、〇〇だったんです」と言い訳したくなる人もいるでしょう。

やはり人って、「プライド」というものがあります。

どんなに悪いと思っていることでも、多くの人の前で、プライドを傷つけられるような言い方はされたくない。

それが人の「心理」というものなのです。

あなたが「注意の仕方」を工夫したとき、あなたはますます多くの人から支持されるようになるのです。

＊一人さんの魔法のルール

注意するときは「いい話があるよ」が一人さん流

相手の「ゆるさ」もひっくるめて愛していく

頭が良くて、優秀な人っていますよね。
そういう人って、頭がいいから、いろんなことに気がついてしまう。
「あの人の、あそこが足りない」とか。
「あのことは、もっと、こうした方がいい」とか。
よく気が付くのは、すばらしいことです。
しかし、ちょっとだけ、「心配り」が必要なんですね。
なぜなら、人は誰しも、完璧ではありません。
誰だって、ダメなところがあって、弱いところがあって、すぐにできないこともある。

そういう「ゆるい部分」を持っているんですよね。

相手の「ゆるさ」を受け入れて、それもひっくるめて愛することが、「人を愛すること」でもあるんですよね。

優秀な人って、「完璧主義な人」が多いものです。

あまりに完璧を求めてしまうと、自分も、相手も、一緒にいることが苦しくなってしまう。

だから、ときにはわざと「鈍感」になって、相手と歩調を合わせたり、相手の気持ちを味わってみることも大切なのです。

優秀な人こそ、ときに「鈍感」になる練習をしてみる。

そうでないと、その優秀さゆえに、相手のことを傷つけたり、孤立してしまうこともあるのです。

完璧主義な人ほど、「鈍感力」を身に付けていきたいものですね。

＊一人さんの魔法のルール

優秀な人こそ、ときに「鈍感」になる練習をしてみる

「しおから大将」がみんなに慕われた理由

学生時代、勉強ができた人は、「君は、優秀だね」と親や先生から、ほめられてきたことでしょう。

また、同級生からも、「君はいいな」とうらやましがられたかもしれません。そういうとき、ちょっと調子にのってしまい、掃除や当番をさぼったとしても、「あの子は受験勉強が大変だから、まあ、しょうがないか……」と大目に見てもらえたかもしれません。

また、勉強ができない子に向かって、「何でこんなにカンタンな問題ができないの？」と言ったとしても、「あの子は優等生だから、そう言われても、しょうがないや」と大目に見てもらえたかもしれません。

しかし、社会に出てから、仕事が忙しいからといって、みんなで交代でやることになっている掃除や当番をさぼったとしたら、どうなるでしょうか?

「アイツはズルい!」「イヤなやつだ!」と、その人に対する評判は一発で下がります。

また、仕事に慣れない部下に向かって、「何でこんなにカンタンなこともできないの?」と言ったら、どうなるでしょうか?

部下がその一言に傷ついてしまい、「私の上司が、私のことをバカにするんです……」と社内中にふれまわるかもしれません。

また、「上司と合わないので、会社を辞めます」と言い出す人がいるかもしれません。

学校時代は通用していたことが、「社会」では通用しなくなる。

学生時代、優等生だった人ほど、そのギャップに悩むことでしょう。

しかし、私に言わせると、「社会」で起こることの方が、正しいのです。

ズバリ言ってしまうと、「社会」というのは、あなたが本当に優秀かどうかを見られるところなのです。

社会に出てから「優秀な人」と言われるのは、仕事の成績がいいことだけを言うのではありません。

ちょっとぐらい大変なことがあっても、いつもニコニコして、楽しそうに働いている人。

「あなたと働けて、幸せです！」「ここの会社で働けて、幸せです！」、そんなふうに明るく言って、みんなのモチベーションを上げる人。

部下を見かけたら、「がんばってるね」と常に声をかけて、励ます人。

もしも部下がミスをしたら、「これは私のミスなんです」と部下をかばって、上に報告する人。

そういう人って、一緒に働いているだけで、パッと心に灯りがともります。

「この人のそばにいたい！」と誰もが思うでしょう。

社会に出たら、そういう人を、「優秀な人」というのです。

昔の武将の話で、おもしろい話があります。

ある国に、多くの家来から慕われている大将がいました。

この大将は、何かとりたてて、戦で大きな手柄をたてたわけではありません。

料理を作るのが好きで、みんなで集まって酒をくみかわすときになると、美味しい「しおから」を作ってきて、みんなにふるまっていました。

家来たちは、大将の「しおから」をつまみに、酒を飲むのを楽しみにしていたのです。

大将は、みんながうまそうに酒を飲んだり、歌を歌ったり、踊ったりして盛り上がるのを、ニコニコしながら眺めていました。

家来たちは、日頃は過酷な労働をしていても、「あと何日がんばれば、大将のうまいしおからで、たらふく酒が飲める」と思うと、それを励みに何とか乗り切れたのです。

家来たちにとって、この「しおから大将」は、なくてはならない「癒しの存在」だったのです。

この話のポイントが、わかりますか？

戦で手柄を立てることができなくても、人から慕われることはできるのです。何でもいいので、人に好かれることをする。

ほんの小さなことでも、人の心を温めるようなことをする。

それをしていれば、あなたは人から求められ、「社会」という海を、立派に渡っていけるのです。

逆に、どんなに仕事の面では優秀であったとしても、人を傷つけるようなことを平気で言ったり、誠実さに欠けるようなことをしていると、「社会」という海は渡っていけません。

「社会」では、あなたの本当の実力が試される。

神は、実にうまいしくみを作ってくれたものだと思います。

＊一人さんの魔法のルール

「社会」とは、本当に優秀かどうかを試されるところ

怒鳴るのは、「人からエネルギーを奪うこと」

世の中には、「いばりんぼうな人」がいるものです。

ちょっとしたことで、後輩や部下を、ガミガミガミガミ怒鳴る。

わざと、大勢の前で、見せしめのように怒鳴ったりします。

まるで「怒鳴ること」を、いいことだと思っているみたいです。

怒鳴られた人は、ぎゅっと体を縮めて、悲しそうに下を向いています。

怒鳴った人を、恨みたくもなるでしょう。

しかし、怒鳴ることを平気でしている人は、怒鳴られている人の気持ちなどわかりません。

怒鳴る人は、よくこう言います。

「相手ができると信じているから、カツを入れた」と……。

でも、本当に、怒鳴る必要なんて、あるのでしょうか?

実は、「怒鳴る人」は、怒鳴ることで、相手からエネルギーを奪っているのです。

怒鳴った後に、一瞬だけ、スカッとする。

その「スカッとした気持ち」がほしくて、怒鳴ることがやめられない。

そんな地獄のようなことを、していいはずがありません。

この地球は、神が天国として作った、最高にきれいな星です。

自分がエネルギー不足になったら、自然の中に入り、木々に触れたり、太陽の光を浴びたりすることで、エネルギーはちゃんと満たされるようになっているのです。

また、「私ってえらいね！」と、「自分で自分をほめること」でも、自分のエネルギーは満たせます。

怒鳴ることで、人からエネルギーを奪おうとする。

そんなものは、地獄の考え方です。

相手に教えてあげようと思ったら、やさしく言ってあげればいい。

何度も何度も、わかりやすく説明してあげればいい。

人を怒鳴って「恨み」を買っていると、その「恨み」はいつか大きくなって、あなたのところに返ってきます。

そして、あなたの人生を、必ずはばむことになります。

すぐに怒鳴るクセのある「いばりんぼう」な人は、そのことに一刻も早く気付いてください。

＊一人さんの魔法のルール

人から「恨み」を買うと、大きくなって返ってくる

人間関係とは「言葉のやりとり」である

「人から愛される人」をじーっと観察していると、あることに気が付きます。
それは……、「話す言葉が魅力的なこと」。
愛される人は、愛される言葉を使っている。
このことにつきると、一人さんは思うのです。
では、「魅力的な言葉」とは、どんな言葉をいうのでしょうか？
ちょっと具体的にあげてみましょう。

○愛のある、明るい言葉

○聞いていて、自分も相手も、うれしくなっちゃうような言葉
○さりげないんだけど、思いやりがこもった言葉
○思わず「ふふふ……」とふきだしちゃうような、ユーモアのある言葉
○この言葉を聞くと、「よし、やるぞ!」と、やる気が満ちてくるような言葉
○押しつけがましかったり、上から目線でなくて、さわやかで心地のいい言葉

こんなふうな言葉をしゃべっている人って、すごく魅力的ですよね。
「魅力的な言葉」が使えると、非常に便利なものです。
何かトラブルやピンチにあったときも、たったひと言で、切り抜けることができます。

例えば、こんな話があります。

昔、ある武将が、自分の殿さまの悪口を、ちょっと仲間に話したことがありました。

その話が、回りまわって、殿さまの耳に入ってしまいました。

殿さまは怒って、その武将を呼びました。

「オマエ、最近、オレの悪口を言っているらしいけど、どういうわけだ？」

殿さまはかなり怒っていました。

武将は、こう言いました。

「私は、殿さまの悪口を言ったのではありません。

ちょっと泣き言を言ったのです。

昔は一緒に酒を飲んだり、野山をかけまわったりしていたのに、最近はひとつも声がかからないではありませんか。

私も人間ですから、寂しくもなります。

時々でいいですから、ひと声、おかけください。

それだけで、幸せでございますから」。

そう言われた殿さまは、こう言ったそうです。

「そうか……、オレが悪かったな。これからは気をつけるよ」。

この話のポイントが、わかりますか？

緊迫した雰囲気の中でも、ちょっと機転のきいたことを言うだけで、その場の雰囲気がふっとなごむことがあります。

魅力的な言葉を話せる人は、それだけでツキを持っている。

まさに「言い方上手」は「生き方上手」だといえるでしょう。

言葉というのは、その気になれば、誰もがタダ（ゼロ円）で変えることができるものです。

ところが、「言い方ベタ」の人は、なぜか素直に「魅力的な言い方」を学ぼうとしません。

「言葉なんかで運勢が変わったら、警察いらない」とか、「口が悪いのが、私の個性なんだから、放っておいて」とか言って、開き直ったりします。

そして、いつも人とトラブルを起こして、苦しい人間関係の修行を、永遠に続けることになります。

「素直に魅力的な言葉を学ぶ人」と、どんどん差がついてしまうのです。

言葉を魅力的にすると、とたんに運勢が良くなります。

自分の言葉が「運気」を左右していることに気付いた人は、それだけでラッキーなのです。

＊一人さんの魔法のルール

「言い方上手」は、「生き方上手」

店長がやることは、「お店の雰囲気」を守ること

仕事で出世して、何かのチームのトップになると、やらなければいけないことが出てきます。

それは、「チームの楽しい雰囲気を守ること」。

このことも、仕事の一部になってくるのです。

例えば、あなたがお店の店長さんだったとします。

あなたのお店には、いろいろなお客さんがやってくるでしょう。

いいお客さんもいれば、お店のルールを守らないお客さんもいる。

いつも暗い話とか、グチばかり言いにくるお客さんもいる。

せっかくの楽しいお店の雰囲気を、ぶち壊すようなことをするお客さんもいます。

そういうお客さんに、店長のあなたがやることは、「ルールを守ってください」ときちんと伝えること。

そして、それでもわからないようだったら、「もう来ないでほしい」と伝えること。

これは、非常に大切なことなのです。

なぜなら、ルールを守らないお客さんがいると、「いいお客さん」が迷惑するのです。

「いいお客さん」は、いい人なので、そのことを、あえて口に出したりしないでしょう。

ただ、「このお店って、雰囲気が悪くなったたな……」ということを密かに感じています。

そのうちに、だんだん足が向かなくなって、「いいお客さん」が、あなたのお店に来なくなる。

それでいつの間にか、「いいお客さん」が、あなたのお店から、いなくなってしまうのです。

それを正すのは、店長である、あなたの役割です。

店長であるなら、言うべきことは、きちんと言わなくてはなりません。

それが、「他のお客さんの気持ち」を守ることでもあるのです。

すべてのお客さんに好かれる必要はありません。

機嫌の悪い人の機嫌を、とる必要もないのです。

あなたと考え方や波動が合う人とだけ、楽しく、心地よく進んでいくことを一番に大切にしてください。

*一人さんの魔法のルール

迷惑をかけるお客さんが来たら、断る勇気を持つ

人間関係の「負の連鎖」を、あなたのところで断ち切る

体育会系の厳しい部活などで、先輩が後輩に、

「オレたちが一年生のころは、こんなにヒドイ扱いを受けた。だから、お前ら一年生も、そうするのがあたりまえなんだ」

と言っているシーンを見かけます。

またお姑さんが、お嫁さんに向かって、

「私がお嫁に来たときは、お姑さんにうんと尽くすように言われた。だから、あなたも、もうちょっと私たちのことを思いやってほしいの」

と言っているシーンを見かけます。

自分がやられてイヤだったことを、自分も後々、下の代の人に強《し》いる。

これって、「負（マイナス）の連鎖」ですよね。

自分の中で、「あのときは、つらかった！」という思いがあるから、それを次の代の人にも「あたりまえだ」と強いてしまう。

でも、これをやっていると……、「イヤがられる」「嫌われる」「うとまれる」といった悲しい現実が確実に待っています。

私は常々、お弟子さんに、「自分がやられてイヤなことは、他の人にも絶対にしちゃいけないんだよ」と言っています。

先輩から、上から目線でいろいろ言われたことがイヤだったら……。自分は後輩に、うんとやさしく、わかりやすく教えてあげる。

お姑さんから、あれこれうるさく言われたことがイヤだったら……。自分は、お嫁さんがいろんなことに気が回らなくても、口出しすることを控える。

人間関係の「負の連鎖」を、あなたの代で断ち切るのです。

このことを貫いていると、あなたの「器」はうんと大きくなります。

下の人から頼りにされて、みんながあなたのことを求めるようになります。

「自分がイヤだったことは、他の人には、絶対にしない」。

この決意が、あなたの人間的魅力を、飛躍的に高めていくのです。

＊一人さんの魔法のルール

自分がイヤだったことは、他の人には絶対にしない！

なめた態度をとる人に対して、「なめられたまま」にしておかない

職場や学校で、あなたに対して、さげすんだような態度をとったり、バカにするような態度をとる人が、出てくることがあります。

そういう人と、一緒に過ごすのは、ツライものです。

中には、職場や学校に、行きたくなくなってしまう人もいるでしょう。

この場合、改善策として、二つの方法があります。

ひとつめ。

「あなたがビクビクした態度をとるのをやめる」。

ビクビクしていると、見えない世界では、とんでもないことが起きています。

体の「圧」が弱くなって、どんどん「生命エネルギー」が抜けていく。

その人の体の「気」が弱くなるのです。

「圧の抜けた人」を察知すると、中にはイライラして、いじめたくなる人もいます。

だから「圧」を上げて、すきを見せないようにすること。

ビクビクするのを、やめることです。

とにかく堂々としていること。

根拠はなくても、自信を持つこと。

そのことが、ものすごく大切なのです。

ふたつめ。

相手があなたを傷つけるようなことを言ったら、「そういう言い方は、私の魂が傷つくから、やめてください」とキッパリ言うこと。

人をバカにしたり、さげすんだりする人って、「この人なら、何をしても、何も言わないだろう」と、なめてかかっているのです。

こういう人は、もともと、イライラしています。

自分の別のイライラを、人を見下したり、さげすんだりすることで、晴らそうとしているのです。

そういう人には、「それ、まちがってるよ」と、キッパリ言ってあげなくてはいけません。

あなたに対して、誰かが理不尽なことをやったり、言ったりしたら、キッパリした口調でこう言いましょう。

「魂が傷つくから、やめてください！」。

その瞬間、相手は「えっ？」と驚くことでしょう。

「この人は、言い返してくるんだ」とわかると、いままでのように、理不尽に意地悪することもなくなります。

中には、「ああ、この人に、変な態度をとってしまって、悪かったな」と、反省する人もいるでしょう。

あなたをなめてかかる人に対して、とにかく「なめられたまま」でいるのはダメです。

自分の気持ちを、ちゃんと口に出して言うことで、あなたの心のモヤモヤは晴れて、気分がスカッとするのです。

そして、あなたのその勇気ある行動で、相手のしている「まちがい」に、気付かせてあげることもできるのです。

＊一人さんの魔法のルール

「魂が傷つくから、やめてください！」とキッパリ言う

人は「変な話」と言われると、ラクな気持ちで耳を傾けられる

よく大切なことを人に伝えるときに、「この話は大事な話だから、絶対に聞かなきゃダメですよ」と前置きして話す人がいます。

一人さんの場合は、そういう前置きを言ったことがありません。

私の場合は、「この話は『変な話』なので、聞きたくない人は聞かなくてもいいですよ」と言います。

実は、私が「変な話」と言ったときこそ、相手にとって、とても大切な話であることが多いのです。

「なぜ、一人さんは『変な話』なんて言うんですか？」と、みなさんは思う

でしょう？

これには、深い理由があるんです。

この世には、実際に成功した人しか知らない「秘密の成功法則（成功の真理）」というものがあります。

こういうものって、「一般常識」とか、「普通の考え方」とは、かけ離れているものがほとんどです。

これを人に伝えるときに、「これは絶対に大事なことだから、やった方がいいですよ」と言っても、なかなか聞いてもらえません。

だって、聞いている人にとっては、常識とはまったく違う「未開拓なこと」だから。

そういう人に対して、「これをやらないから、あなたはなかなか成功できないんだよ」と言ってしまうと、相手は心を固くして、「私、そんなふうに言われるんなら、絶対にやらない！」と思ってしまいます。

これが人の心情というものなのです。

しかし、「この話は『変な話』だから、聞かなくてもいいですよ」と言われたら、どうでしょう。

相手の人は、すごくラク～な気持ちで聞けますよね。

そうすれば、その話は、その人の心にスッと入っていく。

相手の魂に響くのです。

それで相手の人は、「やってみよう！」と行動に移すことができるのです。

なぜなら、「変な話」と前置きしていても、話していることは「真理」だから。

実は、人の魂というのは、何が「真理」なのか、ちゃんと知っています。

しかし、「常識」にもまれて育っているうちに、心の中にある「真理」という入れ物にフタをしてしまっているのです。

そのフタをやさしく開けてあげるのは、あなたの言い方にかかっています。

「変な話」という前置きには、心のフタをやさしくとりのぞく魔法がありま す。

ですから、私は大切なことを言うときこそ、「変な話」と言うのです。

これからも、一人さんが、「これから『変な話』をします」と言ったら、

「あっ、一人さんは大切な話をしようとしているんだな!」と密かに思って聞いてくださいね。

＊一人さんの魔法のルール

大事な話は「変な話」と言ったほうが、聞いてもらえる

人のことまで悩んでいたら、この世から「悩み」はなくならない

「一人さんに質問があるんです」と言う人がいるので、「どんな質問だい?」と聞いてみると、自分の悩みではないことを相談しようとする人がいます。

「私の知り合いで、○○で困っている人がいて……」。

私は、この手の質問が来たら、きっぱりこう言います。

「あのね、人のことは変えられないんだよ。知り合いがそのことで悩んでいても、それは知り合いの修行なの。あなたが悩むことじゃないんだよ」。

人が悩んでいるから、それを一人さんに聞いてあげようとする。

これは一見、「いいこと」に思えるかもしれません。

「人のことまで心を痛めて考える私って、いい人でしょう？」と思っているかもしれません。

しかし、自分がやらなければいけないのは、自分を幸せにすることです。

あまり知られていませんが、私たちは、「ある修行」を神さまからもらっています。

それは……、「人のことであまり悩んではいけない」という修行です。

この世で、まっさきに幸せにしなきゃいけないのは、「自分」です。

家族や友だちが少しぐらい不幸でも、それは、その人の修行です。

あなたは自分の修行を乗り越えて、幸せになればいい。

そして、あなたが幸せになったとき、その「やり方」を、周りの人に教えてあげる。

それが神の望む「大我」の道です。

人のことまで悩んでいたら、この世から、悩みは絶対になくなりません。
あなたは人の不幸にひっぱられることなく、幸せにならなければいけないのです。
あなたが幸せになれば、世の中から「不幸な人」が一人減ります。
みんな、自分を幸せにすれば、この世から「不幸な人」がいなくなる。
ですから、自分を幸せにすることは、「権利」でなくて、「義務」なのです。
「自分が自分を幸せにすること」が、一番の社会貢献になるのです。

＊一人さんの魔法のルール

「自分が自分を幸せにすること」が、
一番の社会貢献になる

一人さんが仲間と約束している「仲良くいるためのルール」

楽しく仕事をしたり、魂を向上させていく上で、「仲間」というのは欠かせないものです。

仲間というのは、同じような志（使命）があって、ともに助け合いながら、同じ方向へ進んでいく友のこと。

特技とか、性格とかに違いがあっても、それはそれでおもしろいものです。

大事なのは、「同じ方向を向いている」ということですよね。

さて、私の会社である「まるかん」では、仲間と仲良くしていくうえで、「これだけは守らなきゃいけない」という大切なルールがあります。

それは……、「知っていることは惜しみなく教え、知らないことは素直に聞くこと」。

例えば、売り上げが良かった人は、そのコツを周りの人に惜しみなく教えます。

自分が成功した知恵やアイデアは、「神さまから授かったもの」です。

それを「一人占めしよう」としたり、「アイツには教えたくない」というのは、神さまに嫌われる考え方です。

また、売り上げが伸びない人は、「自分の力だけでがんばる!」とか、「人から教わるなんて、悔しい……」とか、意固地にならないで、すでにうまくいった人の方法を、素直に聞くこと。

そして、みんなで「一番良い方法」を共有して、一緒に楽しくやっていく。

このことが、「まるかん」では、仲間であるためのルールなのです。

実は、このルールは、神さまが私たちに、「こうしてほしい！」と切に願っていることでもあります。

人って、誰かに教えることもあれば、教えられることもあります。

自分が得意なこともあれば、自分がニガテなこともある。

一人さんだって、ニガテなことは、いっぱいあります。

告白すると、一人さんは「細かいこと」がニガテです。

初めて会った人の名前を覚えたり、電話番号を覚えたりするのは、大のニガテです。

ですから、そういうことが得意なお弟子さんのみっちゃん先生が、すべて覚えていてくれて、必要なときに、パッとそばで教えてくれます。

細かい文字を書いたりするのもニガテですが、字を書くのが得意な真由美ちゃん（宮本真由美さん）が、パッと書いてくれます。

パソコンや電化製品にも詳しくありませんが、電化製品が大好きな忠夫ちゃん（遠藤忠夫さん）が、いつも必要なものを喜んでそろえてくれます。

仲間であっても、得意なことやニガテなことは、みんな違います。

みんな違って、みんないいのです。

だからこそ、助け、助け合いながら、仲良く生きていけるのです。

＊一人さんの魔法のルール

知っていることは惜しみなく教え、知らないことは素直に聞く

第四章

「一人さんアタマ」になると、大笑いしながら、成功まで歩いてゆける！

どんなことも、楽しくやる！
これが「二人さんアタマ」になること

私は何事においても、「楽しくやる」のが好きです。

楽しくないと、何だかソンしたような気分になりますし、ありきたりな毎日の中でも、ちょっとした工夫で、その場を盛り上げたり、大笑いするようなことはできるものです。

だから、いつも「楽しくなること」を考えていますが、私と長く一緒にいる人は、このクセがどうやら移ってしまうようです。

何があっても、「このことから、どうしたら楽しみを見出せるか？」を考える。

これを「一人さんアタマになる」と私は呼びます（笑）。

お弟子さんたちとは長く一緒にいますから、お弟子さんたちはみんな、「一人さんアタマ」になってきています。

最近、お弟子さんの恵美子さん（柴村恵美子さん）が、おもしろいことを言いました。

まさに「一人さんアタマ」の発想だったので、ご紹介しますね。


最近、恵美子さんが、「私、アイドル社長になる！」と言い出しました。

私は、「ふうん、いいね」と言っていましたが、実は、恵美子さんの言う意味がよくわからなかった（笑）。

ところがある日、恵美子さんが、その理由をじっくり話してくれました。

それは、こういうことだったのです。

自分の仕事を楽しくしたければ、自分の仕事や肩書きの前に、「アイドル」をつけて、みんなに言えばいい。

例えば、サラリーマンの人なら、「自分はアイドルサラリーマンを目指しています！」とみんなに発表してしまう。

ＯＬさんだったら、「私はアイドルＯＬを目指しています！」とみんなに宣言してしまう。

自転車屋さんだったら、「うちは、アイドル自転車屋を目指しています！」と町中に宣言してしまう。

主婦だったら、「私はアイドル主婦を目指しています！」とお友達に宣言してしまう。

これだけで、自分の仕事や毎日が、何だかすごく楽しいものに思えてくる。

そして、「アイドル」というのは、みんなに好かれたり、元気をあげる存在ですから、自分の普段の行動も、自然と明るく、愛のあるふるまいをするようになりますよね。

毎日の服装も、「アイドルの衣装」として考えると、自然と華やかで明るいものを選ぶでしょう？

自分のことを、「アイドル○○です！」と言ったときに、やることや言うことが変わってくる。

ちょっとしたことでブスッとしたり、人の悪口を言ったりができなくなるんですよね。

だって、アイドルって、明るいものです。

誰にでも、親切に明るく接するようになります。

だからこそ、恵美子さんは、「私、アイドル社長になる！」と言っていたのです。

そのことがわかったとき、「えらいっ！」と恵美子さんをほめました。

さすが、恵美子さん、すばらしいアイデアです。しかも、お金は一円もかかりません（笑）。

これこそ、「一人さんアタマの発想」といっていいでしょう。

「アイドル」という言霊の放つ、明るくて、元気なパワーを借りるのです。

ちょっとした工夫で、毎日は、いくらでも楽しくなるものですね。

＊一人さんの魔法のルール

自分の仕事に「アイドル」をつけると、毎日が楽しくなる！

子育ても、「一人さんアタマ」で考える

私は、「子育て」に関する質問もよく受けますが、そういうときも、「一人さんアタマ」として考えます。

お母さんも、子どもも、楽しくラクになるようなヒントを話すようにしていますが、周りの人からすると、私の答えが「教育の常識」とはぜんぜん違って、とても面白いそうです。

先日、あるお母さんから、「うちの小学生の息子が、気が弱くて、よくいじめられる」という相談を受けました。

私は、お母さんに、「普段、その子に、よくどんなことを言っているんだ

い？」と尋ねました。

するとお母さんはちょっと考えてから、「そうですね……、やさしい子になりなさい、と言っています」と答えました。

私は、お母さんに尋ねました。

「でも、その子はもう、やさしい子なんだよね」。

お母さんは即答しました。「はい、とってもやさしい子なんです」。

「だとしたら、『やさしくなりなさい』っていう言葉はいらないよね。やさしい子には、『強くなりなさい』って、言ってあげる方がいいんだよ」。

みなさんは、「何で、『やさしい子になりなさい』って言うのがいけないの？」と思うでしょう。

この「やさしくなりなさい」という言葉は、いっけん「いいこと」に思えるかもしれません。

でも、「もともと、やさしい子」って、いるんですよね。

そういう子に、「やさしい子になりなさい」と過剰に言ってしまうと、言われている子は、こう思うのです。

「もう、やさしくしてるのに、これ以上どうしたらいいの……？」って。

自分をいじめてくるような子にも、「言い返しちゃいけない」「やりかえしちゃいけない」「やさしくしなきゃいけない」と思って、じーっとしている。

そのストレスがたまって、ある日、ドカンと爆発する。

その「行き場のない気持ち」が、学校へ向けて出たり、親御さんへ向けて出たりするのです。

やさしいことは、最高にすばらしい。

だから、その部分は、思いっきりほめてあげてください。

あとは「欠けているところ」を補って、バランスをとればいいのです。

やさしい子に、おうおうにして欠けているのは、「強さ」です。

この「やさしさ」と「強さ」は、人が生きていく上で、どちらも欠かせないものです。

日本昔話に出てくる男の子の主人公は、たいてい、「やさしさ」と「強さ」を兼ね備えています。

桃太郎でも、金太郎でも、「やさしくて強かった」から、鬼退治もできたし、熊と相撲もとれて、それが逸話になったのです。

やさしさだけに偏っても、強さだけに偏ってもダメなのです。

やさしい子には、「やさしくて、えらいね。あとは強くなりなさい」と言ってあげるほうがいいのです。

そして、男の子なら、少林寺拳法とか空手とか、強さを学ぶようなものを習わせる。

女の子なら、華やかな洋服を選んであげて、人の目を明るく楽しませるようなおしゃれの仕方を教えてあげる。

そうすると、そのお子さんの中で、抑えつけていた気持ちがスカッと晴れて、体に「やる気（圧）」がみなぎってくる。

「圧」のある子になると、誰もその子のことを、いじめようとはしません。

「強くてハツラツとしたオーラ」が体から出るので、他の子はそれを感じ取るのです。

また、「圧」のある子には、宇宙にある「生命エネルギー」が集まりますから、とても運のいい「ツイてる子」になります。

お子さんというのは、ひとりひとり個性があります。

そのお子さんが、「どうしたら楽しくなるか？」「どうしたらスカッと生きられるか？」を考えて、愛のある言葉をかけてあげてください。

＊一人さんの魔法のルール

「やさしい子」には、強くなることを教える

「カーネギーホール」では、参加することに意義がある！

東京・新小岩にある「一人さんファンの集まるお店」では、お客さんが盛り上がってくると、突然、スピーチ大会が始まることがあります。

みんなの前に「ミカン箱」くらいの台を用意して、その台の上に乗って、一人ずつ、自分が思ったことをしゃべるのです。

この「ミカン箱の発表会」を、一人さんは、「カーネギーホール」（笑）と呼んでいます。

カーネギーホールで話すことのテーマは、一人さんのそのときの気分により、独断と偏見で決められます。

例えば、「あなたがこのお店の店長だったとして、お客さんがもっと来たくなるお店にするには、どんなことをしますか？」といったマジメなお題もあります。

また、「彼女を初めてラブホテルに連れ込むとき、どんな言葉で誘いますか？」といった不マジメなお題もあります（笑）。

このカーネギーホールで、誰が何を話すかは、実は問題ではありません。

「その場にいる全員が参加して、みんなの前でひとりずつしゃべる」。

このことが、とても大切なのです。

「カーネギーホール」には、暗黙のルールがあります。

それは、誰がどんなことを言ったとしても、「それって、いいね♪」とか、「なかなか、いいアイデアじゃない！」とみんなで盛り上げること。

ですから、しゃべることに慣れていなかったり、自信がなかったとしても、気兼ねなくスピーチに参加することができます。

みんなの前に出るだけで、足がガクガク震えるような「あがり症」の人などは、とにかくみんなの前に出ただけで、「よっ、えらいぞ！」「よくやった！」となぜか絶賛の嵐になります（笑）。

こうやって、仲間が温かく応援してくれると、どんなに「あがり症」だったとしても、自然といろいろなことが話したくなるものです。

そして、気付いたときには、味のある「スピーチの名手」になっているのです。

スピーチに限らず、どんなことでも、最初からみんなを感心させるほど、上手な人はいません。

とにかく「数をこなしていくうちに」、上手になっていくのです。

「私はうまくできないから……」とか、「私には才能がないから……」とか言い訳をして、人のことをうらやみながら見ている人は、本当にできないのではありません。

「挑戦する前から、あきらめている人」です。

とにかく、やってみること。

やってみれば、うまくいかない部分が出てきます。

次回は、そこを改良して、また挑戦すればいい。

やってみれば、みるほど、あなたには不思議な「勢い」がついて、どんどん上達していく。

それを「加速の法則」というのです。

とにかく何度も挑戦し、数をこなしていくことが、あなたを飛躍的に成長させるのです。

＊一人さんの魔法のルール

「やってみよう！」と挑戦した数だけ、うまくなる

「魅力」を出せば、お客さんは遠くからでも集まってくる

「これからの時代、成功するのに必要なものは何でしょうか？」と質問されることがよくあります。

そういうとき、私の頭の中には、瞬時にいろいろなことが浮かびますが、「どうしてもこれだけは欠かせないな」と最優先で伝えたいことが一つあります。

それは……「魅力」です。

「人を喜ばせる、魅力のある人」が、これからの時代、圧倒的に強くなる。

言ってみれば、「魅力競争の時代」になると私は思っています。

「魅力競争とは、いったい何ですか？」と思う人もいるでしょう。

それは、こういうことなのです。

例えば、あなたがひと月に一度、健康食品を買うとしますよね。

いままでは、「自分の家の近くにあるお店」を選ぶ人が多かったでしょう。

たとえ、そのお店の人が、不愛想だったり、クラ～い感じだったとしても、「近いから」という理由を優先して、選ぶ人が多かったのです。

ところが、これからの時代は、「ちょっと遠くても、魅力のあるお店」を選ぶ人が圧倒的に多くなります。

例えば、健康食品のお店なら、健康に関するおもしろい情報をいろいろ教えてくれたり……。

店長さんがすごく魅力的で、「その人に逢いたい！」という一心で通ってしまったり……。

お店のスタッフさんが自分の悩みの相談に乗ってくれて、親身になってアドバイスしてくれたり……。

そういう「魅力的なお店」が、たとえ車で三〇分かかるところにあっても……、多くの人は「魅力的なお店」で買い物をすることを選ぶ。

そういう時代になるのです。

たとえ、車で三〇分かかったとしても、その三〇分はお客さんにとって、「ムダな時間」ではありません。

「今日は、どんな話が聞けるのかな？」「早く、あの人に逢いたいな！」。そんなふうにワクワクする気持ちが広がっていく「ステキな旅」になるのです。

また、立地が悪いところで商売をしている人は、自分のお店が不利な場所にあると引け目を感じる必要もありません。

なぜなら、どんな場所にあっても、「魅力を出すこと」を考えていたら、自然とお客さんは続々と集まってきてくれるようになるのです。

戦国時代は、力で相手を倒し、自分の国を広げる競争をしていました。

戦国時代はとっくに終わりましたが、実はまだ「お客さん獲得競争」というのは続いているのです。

一人さん流に言うと、それは「魅力出しっこ競争」。

お客さんを喜ばせる「魅力の競争」が、これからはますます激化していくでしょう。

言ってみれば、魅力さえあれば、学歴も、経験も、肩書きも関係ないのです。

これは、魅力で勝負している人にとっては、すばらしい時代の到来だと言えるでしょう。

＊一人さんの魔法のルール

これからは「魅力競争」の時代になる！

成功をするコツは「得意なこと」を仕事にする

成功することとは、う～んと大変なことのように思っている人がいます。

でも、一人さんに言わせると、そんなことはないのです。

①「苦労すること」

②「自分が得意でないこと」

この二つをやめたときに、あなたの成功へのエンジンは、ぐんぐんかかっていきます。

すでに成功した人に話を聞いてみると、みんな、「自分が好きなこと」や「自分が得意なこと」をして成功しています。

「好きなこと」や「得意なこと」というのは、その人にとって、カンタンなこと。

そして、いくらやっていても、不思議と疲れず、元気になっていくのです。

ちょっと話はズレますが、一人さんにはかねがね不思議なことがありました。

本屋さんに行って、「さあ、本を選ぼう！」と思うと、なぜか急に目がかゆくなったり、お腹がゴロゴロして、トイレに行きたくなるのです。

この症状は、本のホコリでアレルギーを起こすためです。

通称、「本屋アレルギー」といって、一人さんと同じような症状になる人が、世の中にはけっこういるそうです。

ところが、「ある本」を選んでいるときだけ、このアレルギーは起こりません。

それは……、「エロ本」を選んでいるときです（笑）。

不思議と「エロ本」を選んでいるときだけ、一人さんは目もかゆくならないし、お腹もゴロゴロしない。

人間、「好きなこと」をやっているときは、体にいいものですね（笑）。

さて、話を元に戻しますが、あなたがなかなかうまくいかないのだとしたら、「苦労すること」や「自分が得意でないこと」をやっていないか、見直す必要があります。

うまくいかない人は、物事を複雑にして考える傾向があります。

「そんなにカンタンにうまくいかない……」とか、「いままでのやり方は、すぐに変えられない……」とか、「こんなことをして、こう思われたらどうしよう……」とか、そういった執着や恐れです。

そういった執着や恐れを、思い切って手放して、「シンプルなやり方」に変える。

そのさっぱりした、潔い決断が、あなたをグンと成功に近づけるのです。

＊一人さんの魔法のルール

「苦労すること」と「得意でないこと」は、
いますぐにやめよう

人の思いには「愛」と「恐れ」しかない！

何かを常に心配している人がいます。

「そのうち、きっと悪いことが起こるんじゃないかな?」と不安に思っている人がいます。

そういう「心配性の人」は、「心配すること」を、あまり悪いことだと思っていないようです。

しかし、一人さんは、できるだけ早くやめてもらいたいと思っています。

なぜなら、人は心配をすると、「心配の波動」というものを出します。

その「心配の波動」は、実は、天変地異などにも関わっているからです。

もちろん、地震が起こるのは、それだけの問題ではありませんが、みんなが「心配の波動」を出すのをやめて、「安心の波動」を出すようになると、「地震が小さくて済む」ということも考えられるのです。

人が出している「想い（想念）」というのは、それだけ大きいのです。

人の思いには、「愛」と「恐れ」の二つしかありません。

「愛のあること」を考えているときは、「心配なこと」を忘れています。

「心配なこと」を考えているときは、「愛のあること」は考えられません。

そのどちらを選ぶかは、本人しだいなのです。

「心配性」がクセになると、それは自ら「幸せになること」を遠ざけているのと同じです。

なぜなら、心の世界には、「同じ波動のものを引き寄せる（考えていることが現実になる）」という決まりがあるからです。

「心配性」の人の周りには、同じく「心配性」の人が集まってきたり、実際に「もっと心配しなくてはならない出来事」が増えていきます。

自分が幸せになるためにも、周りが幸せになるためにも、世界のみんなが幸せになるためにも、「心配性」はやめた方がいい。

いつも「安心の波動」を出していることが、神が喜ぶ「大我」の行動なのです。

＊一人さんの魔法のルール

「愛のあること」を考えていれば、
「心配なこと」は忘れられる

「占い」や「鑑定」は、心を明るくするためにある

世の中には、「占い」が大好きな人っていますよね。

また、スピリチュアルなセッションや鑑定が大好きな人もいます。

こういう「占い」や「鑑定」は、自分の心がラクで楽しくなるために、見てもらうものです。

それなのに、「悪いこと」を言われると、それを気にして行動をせばめてしまったり、ショックを受けて暗くなってしまう人がいます。

また、「運気を良くするために、これを買わなきゃ！」とか、「家を浄化しなきゃいけない！」と、高価なグッズを次々と買ってしまう人もいます。

こういう人は、ちょっと立ち止まって、考えてみてください。

だって、「あなたの運気を良くするため」に、占いや鑑定を受けているのです。

それなのに、気持ちが暗くなって、せっかく貯めてきたお金もなくなってしまうのは、おかしいことではないでしょうか？

昔、ある手相鑑定師の人が、私の手相を見て、こんなことを言いました。

「あなたは一生、お金を持てる手相ではありません」。

一人さんはそのとき、「あ、そうですか」と答えましたが、「この占い師はニセ者だな」と確信しました。

なぜなら、「大我」で「圧」を上げて生きていれば、必ず成功できることを知っていたからです。

「大我」で「圧」を上げて生きていれば、手相も、人相も、クソも関係ないのです（ちょっと汚い言葉を使ってしまいました。ごめんなさい――一人さんより）。

「大我」で「圧」を上げて生きていると、方位方角も、厄年も、気にすることはありません。

あなたのいる場所が「幸せの場所」です。

「厄年」も関係なくて、そういう年こそ、あなたにとって「飛躍の年」になったりするのです。

ですから、「占い」で行動をせばめたり、自分の気持ちを悩ませたりするのは、もったいないことです。

「占い」をしてもらって、気持ちが明るくなったり、働く気が起きて、お金がどんどん貯まっていくのは、「いい占い」です。

「占い」をしてもらったことで、気持ちが暗くなったり、貯めていたお金がどんどんなくなっていくのなら……。

「これって、本当に正しい選択なのかな……」と気付かなきゃいけません。

心が弱っているときこそ、「弱い部分」をつくような、悪いものが入りやすいものです。

でも、この本を読んでいるあなたは、とても頭がいい人なので、そんなものにはひっかかりませんよね。

一人さんは、それを信じています。

＊一人さんの魔法のルール

「いい占い」とは、気持ちが明るくなって、働く気が起きて、お金が貯まっていくもの

私たちは生まれる前に、自分の「修行」を選んできた！

さて、ここで、ちょっとだけ不思議な話をしましょう。
「変な話」ですので、信じられない人は、信じなくてかまいません。
聞きたい人だけ、聞いてくださいね。
私たちは誰でも、何かを学ぶために、この世に生まれてきました。
そして、魂のステージを上げて、「あの世」に帰っていくのです。
私たちが学ぶことは、大きくわけて、二つあります。
ひとつは「お金のこと」。
もうひとつは「人間関係」。

この二つのうちのどちらかが、「あなたの今生（今回の人生）のテーマ」になっているはずです。

どちらを学ぶかを、あなたは生まれる前に自分で決めてきています。

そして、神さまに、「今回はこれをやります！」と約束してきているのです。

例えば、「お金のこと」を選んだ場合、あなたが主に修行するのは、「お金の問題」にまつわることです。

「お金のこと」を選んだ人は、小さいころから「お金の問題」が、次から次へと出てきているはずです。

例えば、生まれたときに、すでに家が貧乏だった……とか。

親が働けない状態で、あなたが小さいころからアルバイトして、兄弟の生活費を出してきた……とか。

友だちの連帯保証人になったら、友達が借金を払いきれず、逃げてしまい、あなたが借金を背負ってしまった……とか。

このように……、「お金のこと」を選んだ人には、お金に関する修行が次々とやってくるのです（※あなたには「トラブル」に思えるようなことであっても、実は、あなたの魂を上げるための修行なのです）。

また、「人間関係」を選んだ場合、あなたが主に修行するのは、「人間関係」にまつわることです。

親との関係がうまくいかなかった……とか。

小さいころから孤独で寂しかった……とか。

学校では、いつもいじめられていた……とか。

信じていた人に、裏切られてしまった……とか。

彼氏（彼女）がなかなかできない……とか。

さらに言うと、「自分がキライ！」というのも、「自分」という人と仲良くできないということで、「人間関係」の中に入ります。

このように……、「人間関係」を選んだ人には、人間関係にまつわる修行が次々とやってくるのです。

こういう話をすると、「何か、修行ばっかりで大変だ！」とあなたは思うことでしょう。

しかし、ここで「朗報」があります。

神さまはやさしいので、ちゃんとあなたが乗り越えられるよう、「修行のバランス」というものを考えてくれています。

どういうことかというと……、「お金のこと」を選んだ人は、「人間関係の修行」は少しで済むようになっています。

「人間関係」を選んだ人は、「お金の修行」は少しで済むようになっています。

修行の割合を数字にすると、八対二ぐらいの割合になるでしょう。

「お金のこと」がメインの人なら、「人間関係」は、ほんの少し。

「人間関係」がメインの人なら、「お金のこと」は、ほんの少し。

神さまはバランスを見ながら、あなたの人生の修行の配分を、ちゃんと考えてくれているのです。

ちなみに、歌謡曲に「はやり」があるように、修行のテーマにも「はやり」というものがあります。

二〇世紀までは、「お金のこと」を選んで生まれてくる人が、圧倒的に多いものでした。

いまよりずっと貧乏な家が多く、戦中戦後は、食べるのにもこと欠くような生活をしている人が多かったのです。

しかし、一方で、みんなで助けあい、肩を寄せあって暮らしていたので、「人間関係」のトラブルは、いまより少なかったのです。

二一世紀になると、「人間関係」の修行を選ぶ人が圧倒的に増えました。

物質的には豊かになりましたが、その一方で、人とのトラブルで悩むことが増えてゆきました。

また、「自分がキライ！」という感情が高まって、ひきこもりやニートになる人や、うつ病や精神病になる人も増えています。

社会現象は、実は私たちが生まれる前に決めてきた「修行」というものに、大きく関わっているのです。

「修行」とは、「乗り越えるため」にあるものです。

そして「魂のステージを上げるため」にあるものです。

ですから、私たちはどんな状況にあっても、自分の意思で、必ず克服することができるのです。

何度も言いますが、神はやさしいのです。

私たちに乗り越えられるものだけを、私たちに授けてくれるのです。

（※「人間関係」と「お金」のことを詳しく書いた本があるので、興味がある方はお読みください。『人とお金』著者・斎藤一人／サンマーク出版）

＊一人さんの魔法のルール

私たちは「お金のこと」か「人間関係」を学びに生まれてきた！

「正しい」と思い込んでいることが、実は「失敗」の原因になっている！

さて、神と約束して決めてきた「修行」を、私たちはどうしたら乗り越えられるでしょうか？

そのコツをお教えしましょう。

それは……、「失敗したことを改良する」。

このことにつきるのです。

やってきた「修行」に対して、何度も何度もトラブルを起こして苦しんでいる人は、実は過去にも「似たような失敗」をやっていることが多々あります。

そして、本人は「失敗」と思っていないのが、この話のポイントです。

例えば、「お金のこと」で悩んでいる人で、こんな人はいませんか？

「ちょっとお金が入ってくるとパーッと使ってしまう」というクセのある人です。

こういう人は、「私のモノを買ったのではありません。人のモノを買ってあげたんです」と言い訳をしますが、誰のモノかどうかは問題ではないのです。

この人は「お金の修行」の最中であり、ちょっとお金が入ってきたのは、神がこの人に「お試し試験を出している」ということです。

そのことに気が付かずに、パーッと使っていると、またお金のことで困るような問題が必ず起きてきます。

これは神が、「もうちょっと、この修行が必要だな」と判断したに過ぎません。

この人が、「お金が入ってきたら、しっかり貯金する！」という行動をとるまで、この修行は永遠と続きます。

また、「人間関係」で悩んでいる人で、こんな人はいませんか？

「夫の実家に帰ると、お姑さんが、私に意地悪をするんです」という人です。

この人は、「私は全力でお姑さんに尽くしているのに、こんなヒドイことってありますか？」と言いますが、全力で尽くしているかどうかは問題ではないのです。

この人は「人間関係の修行」の最中であり、お姑さんが出てきたのは、神がこの人に「お試し試験を出している」ということです。

そのことに気が付かずに、夫の実家にノコノコ帰っていると、この人とお姑さんの確執はずっと続きます。

なぜなら、お姑さんは、お嫁さんに帰ってきてほしくないのです。

可愛い息子と孫にだけ、帰ってきてほしい。

そんなお姑さんの気持ちを温かく汲み取って、夫と息子だけを実家に帰し、お嫁さんは逢いに行かなければいいのです。

この話をすると、「そんなことはできません！」と言う人がいますが、なぜ、できないのでしょう。

だって、いままでお嫁さんが夫の実家に行くことで、さんざん失敗してきたのです。

失敗は、改良するより方法はありません。

上手に改良するためには「知恵」が必要です。

そのために、お釈迦さまだって、「ウソも方便」ということわざを授けてくれたのです。

うまい言い訳を使って、行かないようにすればいい。

仮病を使うのだって手です。

お姑さんとの間で、これ以上、「怒りの波動」を出しあう前に、逢わない方法を考える。

この決断が「正解」であり、実は、この答えを出すことを、神は待っているのです。

また、お嫁さんと逢わないことで、お姑さんに心の余裕が生まれ、久しぶりに逢ったときには、お嫁さんにやさしくしてくれるかもしれません。

お嫁さんが、「夫の実家に行かない」という決断をするまで、この修行は永遠と続くでしょう。

このように、何度も起きているトラブルには、「その人が失敗を改良していない」という理由がちゃんと存在します。

しかも、「その人が正しいと思い込んでいること」が、実は失敗であり、改良の余地があるのです。

神は、「改良しない人間」を嫌います。

とにかく、うまくいかないことを、二度も三度もやるのはダメなのです。

何度も起きるトラブルがあったら、それは、あなたが何かを「改良するとき」です。

何があなたの「失敗」であり、どうすれば改良できるのかを、もういちどよく考えてみてくださいね。

＊一人さんの魔法のルール

修行を乗り越えるコツは、「失敗したことを改良する」

「神さまのお手伝い」をするためには三つの条件がいる

私の本が好きな人や、私のファンになってくれる人は、基本的に「神さまのお手伝いをする人」だと思っています。

そんな使命を持っているからこそ、一人さんの話を好んで聞いてくれるのでしょう。

「人助けがしたい！」という気持ちを持つことは、とても尊いものです。

しかし、「人助け」をする人には、三つの条件があるのです。

この条件がクリアできていないと、人を助けることはできません。

ひとつめ。

「自分を大切にする人」。

自分のことを愛して、自分を大切にしている人。

体にいいものを食べたり、適度な運動をしたりして、自分の心と体を大切にしている人です。

ふたつめ。

「自分の家を、安心して空けられる人」（もしくは「自分の会社を安心して空けられる人」）。

家に病人がいる人は、まずその病人を助けなくてはなりません。

それから、会社を経営している人は、スタッフが、「まかせておいてください！　〇〇さんがいなくても、僕たちがしっかり留守を守りますから！」と言ってくれるような信頼関係を作っておくことが大切です。

みっつめ。

「安心して食べていけるお金があること」。

自分がいま、経済的に困っているのなら、まずは「自分助け」をしなくてはなりません。

自分が稼げるようなしくみを、しっかり作るのです。

自分が食べていけないのに、他の人のことで大部分の時間を使うのは、神さまの「まだ早いですよ」というメッセージです。

この三つが、神があなたに望む条件です。

「たくさんの人を助けたい！」と思ったら、まずはこの三つの条件をクリアしなくてはなりません。

この三つのことは、「幸せになる順番」をまちがえないためにも、いつも心にとめておいてください。

＊一人さんの魔法のルール

「人助け」がしたい人は、まずは「自分助け」をしよう！

「新幹線」が通っていることを知ったら、今日から乗っていい

「幸せな成功をしたい！」と強く思っている人は、どんな人でも、日々、前へ前へと進んでいます。

しかし、その場合、「新幹線に乗って進んでいる人」と、「各駅停車に乗って進んでいる人」、もしくは「向かう方向をまちがえている人」がいます。

「大我」で「圧」を上げて生きていれば、進む方向をまちがえる……ということは、絶対にありません。

「小我」でいる人や、「圧」の抜けている人は、進む方向自体をまちがえていることが多いので、もういちど正しい〝方向確認〟が必要です。

〝方向確認〟とは、「自分も楽しくて、人も喜んでくれて、世の中のためになることを全力でやっているか、どうか……」を見直すことが必要です。

さて、「大我」で「圧」を上げて進んでいることが確認できたら、あとは「スピード」の問題です。

どうせ、成功に向かうなら、いちばん速いスピードを出す「新幹線」に乗って、ぐんぐん進んでいきたいと思いませんか？

私が、この本で、みなさんにお話ししてきたことは、「新幹線に乗ること」と同じです。

世の中には、「これをやると、あっというまに成功してしまう」という成功法則（真理）があります。

その中から、どんな人でもすぐにやることができて、楽しくできて、そして、結果がすぐ出る方法を話してきたつもりです。

それが、一人さんの教えです。

世間で話題になっている「成功法則」の中には、正しいけれど、成功するまで時間がかかるものだったり、「あまりおもしろくないなあ」と思うものを、コツコツ地道に続けることが必要だったり……。

そういう「マジメな人向き」のものも、ハッキリ言って、たくさんあります。

一人さんの教えは、「マジメすぎるもの」ではありませんが、ふざけているわけでもありません。

「世界一楽しくて、わかりやすくて、ラクな教え」です。

例えば、「お腹がいっぱいになったら断食して、お腹がすいたら、断食をやめる」というようなルールがあるくらいです（いまのはジョークです（笑））。

とにかく、やってみるとすぐに結果が出るので、驚くでしょう。

私のお弟子さんなどは、私の教えを実践することを「新幹線・一人さん号に乗る」と言っているくらいです。

さて、いままで「時間のかかる教え」をやっていた人が、「新幹線・一人さん号」の存在を知ったとき、あっさり乗り換えてもいいのでしょうか？

ズバリ言いましょう。

いいんです（笑）。

いままで「新幹線」が通っていることを知らずに、各駅停車に乗っていたとしても、今日、誰かに新幹線が通っていることを聞いたら、今日からすぐに「新幹線」に乗ってもいい。

もちろん、あなたが新幹線に乗りたければ……の話です。

あなたは各駅停車に乗っていても、やがて成功にたどりつくと思っていませんか？

新幹線があるのに、各駅停車に乗って行くのはいけません。

「宝探し」でも、早く行った人の勝ちで、ゆっくり行っても、そこには何も残っていません。

実は「宝探し」と成功は同じなのです。

何でも、「手遅れ」というものがあるんです。

そして、新幹線の存在は、神があなたに知らせたメッセージでもあるのです。

神は、あなたをもっと早く成功させたくて、誰かの口を通じて、あなたに最短で成功できる方法を教えた。

そのメッセージを受け取ったあなたは、素直に喜んで、新幹線に乗り換える。

これが、あなたにとってベストの選択方法です。

「いいことを知ったのは嬉しいけれど、周りの人はまだやっていないから……」とか、「私だけ変わったことをしたら、目立ってしまうから……」とか、グズグズ言っている人は、神が贈ったメッセージを無視して、わざわざ時間のかかる各駅停車に乗り続けているようなものです。

どうせ、「成功」という駅に向かうなら、「新幹線」でぐんぐん向かう。

これは、努力するのをやめるとか、ズルをすることではありません。

あなたがいち早く成功することで、今度はあなたが、誰かを助けることができる。

神はそれを見込んで、あなたを選び、あなたを早く成功させようとしているのです。

ですから、あなたは神の期待に応えてください。

一刻も早く、幸せな成功を手にいれましょう。

そして、成功者になったとき、あなたの力を必要としている誰かを、一人でも多く助けてあげるのです。

それが、「神の期待に応える生き方」です。

私が話したいのは以上です。

この本で、私の言いたいことを、すべて出し切ることができました。

この本を読めた……ということは、すごいチャンスをもらったことです。

後は、あなたの行動力にかかっています。

さあ、「成功」という駅まで、「新幹線・一人さん号」に乗って、ぐんぐんスピードを上げながら、楽しく進んで行きましょう。

＊一人さんの魔法のルール

「成功」という駅まで、「新幹線・一人さん号」で行こう！

さいとうひとり公式ブログ

http://saitou-hitori.jugem.jp/
一人さんが毎日、あなたのために、
ついてる言葉を日替わりで載せてくれています。
ときには一人さんからのメッセージもありますので、
ぜひ、遊びに来てください。

お弟子さんたちの楽しい会

◆斎藤一人 一番弟子――柴村恵美子
恵美子社長のブログ
http://ameblo.jp/tuiteru-emiko/
恵美子社長のツイッター
http://twitter.com/shibamura_emiko
PC サイト　http://shibamuraemiko.com/

◆斎藤一人　ふとどきふらちな女神さま
――舛岡はなゑ
http://ameblo.jp/tsuki-4978/

◆斎藤一人　みっちゃん先生公式ブログ
――みっちゃん先生
http://mitchansensei.jugem.jp/

◆斎藤一人　芸能人より目立つ!!
365 日モテモテ♡コーディネート♪――宮本真由美
http://ameblo.jp/mm4900/

◆斎藤一人　おもしろおかしく♪だから仲良く☆
――千葉純一
http://ameblo.jp/chiba4900/

◆斎藤一人　のぶちゃんの絵日記
――宇野信行
http://ameblo.jp/nobuyuki4499/

◆斎藤一人　感謝のブログ　４匹の猫と友に
――遠藤忠夫
http://ameblo.jp/ukon-azuki/

◆斎藤一人　今日一日、奉仕のつもりで働く会
――芦川勝代
http://www.maachan.com/

49《よく》なる参りのすすめ

４９なる参りとは、指定した４カ所を９回お参りすることです。お参りできる時間は朝10時から夕方５時まででです。

◎１カ所目……ひとりさんファンクラブ　五社参り
◎２カ所目……たかつりえカウンセリングルーム　千手観音参り
◎３カ所目……オフィスはなゑ　七福神参り
◎４カ所目……新小岩香取神社と玉垣参り
（玉垣とは神社の周りの垣のことです）

ひとりさんファンクラブで４９なる参りのカードと地図を無料でもらえます。お参りすると１カ所につきハンコを１つ押してもらえます（無料）。

※新小岩香取神社ではハンコはご用意していませんので、お参りが終わったらひとりさんファンクラブで「ひとり」のハンコを押してもらってくださいね!!

ひとりさんファンクラブ

住　所：〒124-0024　東京都葛飾区新小岩1-54-5
ルミエール商店街アーケード内
営　業：朝10時～夜7時まで。
年中無休電話：03-3654-4949

各地のひとりさんスポット

ひとりさん観音：瑞宝山　総林寺
住　所：北海道河東郡上士幌町字上士幌東4線247番地
電　話：01564-2-2523

ついてる鳥居：最上三十三観音第二番　山寺千手院
住　所：山形県山形市大字山寺4753
電　話：023-695-2845

観音様までの楽しいマップ

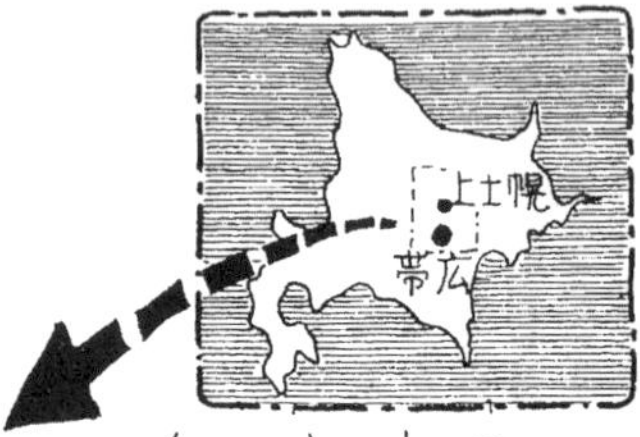

① 愛国←→幸福駅

『愛の国から幸福へ』この切符を手にすると幸せを手にするといわれスゴイ人気です。ここでとれるじゃがいも野菜・etcは幸せを呼ぶ食物かも!! 特にとうもろこしのとれる季節には、もぎたてをその場で茹でて売っていることもあり、あまりのおいしさに幸せを感じちゃいます。

② 十勝ワイン（池田駅）

ひとりさんは、ワイン通といわれています
そのひとりさんが大好きな十勝ワインを売っている十勝ワイン城があります
★十勝はあずきが有名で『赤い宝石』と呼ばれています。

★ 観音様

ひとりさんの寄付により、夜になるとライトアップして、観音様がオレンジ色に浮かびあがり、幻想的です。

この観音様は、一人さんの弟子の1人である柴村恵美子さんが建立しました。

③ 上士幌

上士幌町は柴村恵美子が生まれた町。そしてバルーンの町で有名です。8月上旬になると、全国からバルーンミストが大集合。様々な競技に腕を競い合います。体験試乗もできます。ひとりさんが、安全に楽しく気球に乗れるようにと願いを込めて観音様の手に気球をのせています。

④ ナイタイ高原

ナイタイ高原は、日本一広く大きい牧場です。牛や馬、そして羊もたくさんいちゃうのヨ。そこから見渡す景色は雄大で感動!! の一言です。ひとりさんも好きなこの場所は行ってみる価置あり。

牧場の一番てっぺんにはロッジがあります（レストラン有）。そこで、ジンギスカン焼肉・バーベキューをしながらビールを飲むとオイシイヨ!とってもハッピーになれちゃいます。それにソフトクリームがメチャオイシイ。2ケはいけちゃいますヨ。

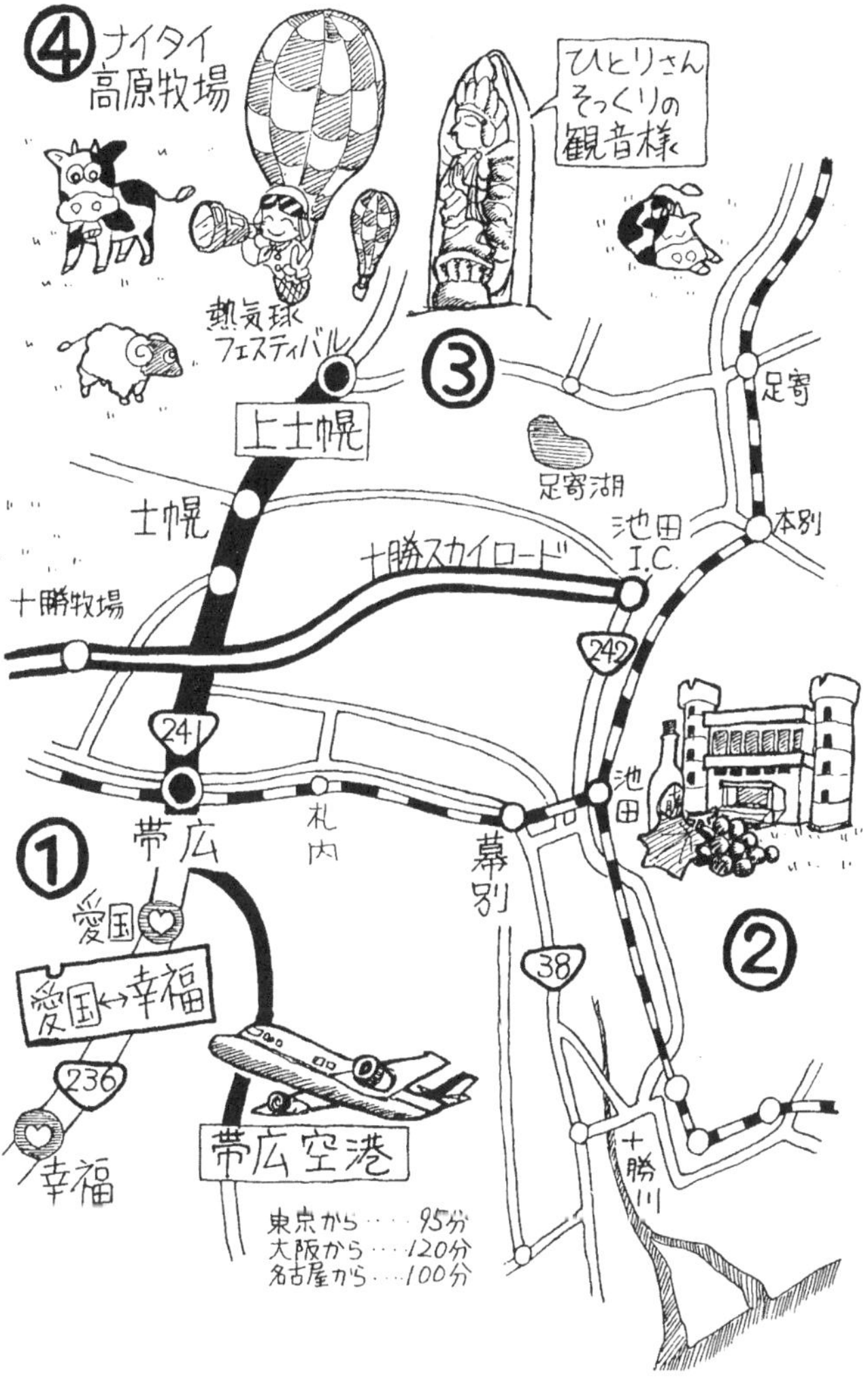

④ナイタイ高原牧場
熱気球フェスティバル
ひとりさんそっくりの観音様
③
上士幌
足寄
足寄湖
士幌
池田I.C.
本別
十勝スカイロード
十勝牧場
242
241
池田
帯広
札内
幕別
①
②
愛国
愛国↔幸福
38
236
幸福
帯広空港
十勝川
東京から……95分
大阪から……120分
名古屋から……100分

斎藤一人さんのプロフィール

東京都生まれ。実業家・著述家。ダイエット食品「スリムドカン」などのヒット商品で知られる化粧品・健康食品会社「銀座まるかん」の創設者。1993年以来、全国高額納税者番付12年間連続6位以内にランクインし、2003年には日本一になる。土地売買や株式公開などによる高額納税者が多い中、事業所得だけで多額の納税をしている人物として注目を集めた。高額納税者の発表が取りやめになった今でも、着実に業績を上げている。また、著述家としても「心の楽しさと経済的豊かさを両立させる」ための本を多数出版している。『変な人の書いた世の中のしくみ』『眼力』(ともにサンマーク出版)、『強運』『人生に成功したい人が読む本』(ともにPHP研究所)、『幸せの道』(ロングセラーズ) など著書は多数。

1993年分——第4位	1999年分——第5位
1994年分——第5位	2000年分——第5位
1995年分——第3位	2001年分——第6位
1996年分——第3位	2002年分——第2位
1997年分——第1位	2003年分——第1位
1998年分——第3位	2004年分——第4位

〈編集部注〉

読者の皆さまから、「一人さんの手がけた商品を取り扱いたいが、どこに資料請求していいかわかりません」という問合せが多数寄せられていますので、以下の資料請求先をお知らせしておきます。

フリーダイヤル 0120-497-285

本書は平成二六年一月に弊社で出版した
書籍を新書判として改訂したものです。

カンタン成功法則

著　者　斎藤一人
発行者　真船美保子
発行所　KK ロングセラーズ
東京都新宿区高田馬場 2-1-2　〒 169-0075
電話（03）3204-5161（代）　振替 00120-7-145737
http://www.kklong.co.jp
印　刷　大日本印刷（株）　製　本　（株）難波製本

ISBN978-4-8454-5053-4　C0230　Printed In Japan 2018